AF853115

Le guide du NETWORKING

Le guide du NETWORKING

Les clubs influents en France

ALAIN MARTY

éditions du
ROCHER

Du même auteur

Cercles et réseaux d'influence, Les Presses du management, 1997.

Réseaux d'influence, le guide des clubs en France et en Europe, Les Presses du management, 1998.

Réseaux d'influence, le guide des clubs en France et dans le monde, Ramsay, 2001.

Clubs et réseaux d'influence, le cherche midi, 2005 (coauteur).

Ils vont tuer le vin français !, Ramsay, 2007.

Le Guide des grands amateurs de vin 2009, le cherche midi, 2008.

Le Guide des grands amateurs de vin 2010, le cherche midi, 2009.

Le Guide des grands amateurs de vin 2011, le cherche midi, 2010.

ISBN: 978-2-268-07145-9

Sommaire

Le phénomène réseau

Le phénomène réseau

Qu'est-ce qu'un réseau ?

Nous avons tous notre propre réseau. Celui-ci est composé de nos contacts professionnels, mais aussi, à ne pas oublier, de nos relations personnelles et amicales.
Toute nouvelle rencontre l'étoffe. En fait, tout est réseau.

Mais il ne s'agit pas simplement d'accumuler des contacts, il faut les animer et les entretenir : prendre et donner des nouvelles régulièrement, transmettre une information, souhaiter un anniversaire, adresser ses vœux...

Les motivations pour rejoindre un réseau sont multiples : vouloir développer du business, partager une passion, réfléchir, se détendre, parfois également avoir la satisfaction d'« en être ». Le réseau se construit au sein d'associations, de cercles et de clubs. Ce sont des lieux d'échanges, de rencontres, de partage d'expériences. Parfois d'affaires. Dans tous les cas, être adhérent d'une telle structure, c'est s'assurer de ne pas ou plus être seul.

Les clefs de la réussite

Penser un réseau, voilà un réflexe que chacun devrait acquérir dès le début de sa vie active. Il est conseillé de s'investir dans trois types de réseau : l'association des anciens de son école, un club orienté « art de vivre », et un troisième, de type intellectuel, de réflexion. En fait, de multiples possibilités s'offrent au postulant : réseaux d'anciens (école, entreprise), groupements professionnels (fédérations, syndicats), clubs d'affaires, organismes à caractère caritatif, clubs sportifs...

Les clubs d'entreprise animent le tissu économique, industriel ou commercial de leur région. Les clubs de créateurs d'entreprise permettent le partage d'expériences et de bonnes pratiques, et aux jeunes dirigeants d'appréhender toutes les facettes de leur nouvelle fonction. Ils rejoindront sans doute plus tard un club de chefs d'entreprise ou un club de business. Dans le premier, la finalité – conclure des affaires – n'est pas mise en avant, même si elle est souvent sous-jacente. Si le second a un objectif clairement défini, ce n'est pas sans exclure toute une série d'activités: petits déjeuners, déjeuners, conférences...

À côté des clubs à orientation professionnelle, d'autres font appel à la générosité de ses membres, en temps ou en argent, pour les organismes caritatifs; d'autres encore sont épicuriens, et pas question d'y laisser place aux préoccupations du quotidien; d'autres, les clubs sportifs, sont des bouffées d'oxygène. Bon nombre de grands patrons ont des rendez-vous hebdomadaires immanquables avec leur club de golf. Ce n'est pas qu'une légende...

Des premiers pas

Avant d'affûter ses arguments, il aura donc fallu sélectionner les réseaux que l'on prétend rejoindre. En cohérence avec ses objectifs, ses attentes, parfois ses croyances. Il faut donc se poser les bonnes questions, et il est utile de rencontrer, sinon les responsables des clubs, cercles ou institutions retenus, du moins un ou plusieurs adhérent(s).

Les points fondamentaux à aborder lors de ces rencontres sont, outre les objectifs et le fonctionnement du club, l'investissement nécessaire en temps (combien de réunions chaque année? à quelle fréquence?) et en argent (y a-t-il un droit d'entrée? coût de la cotisation annuelle? participation aux événements ponctuels?). Il faut aussi s'intéresser de près au contenu des rencontres (débats? exposés? travaux des adhérents? rencontres avec des personnalités?...) et aux outils dédiés (annuaire? newsletter? site Internet à contenu privé?...).

Ensuite, il faut réussir son entrée, et, pour cela, ne pas hésiter à remercier la personne qui vous a convié, l'organisateur de la manifestation à laquelle vous avez assisté, en faisant ressortir les points positifs retenus. Ou à proposer en retour un sujet de débat ou un thème de conférence, ou toute ressource pouvant être mise à la disposition de la structure tout juste rejointe (des compétences techniques, des salles de réunion, voire un contact utile).

De l'échange

Les réseaux répondent aujourd'hui à un besoin évident de partage. Partage de connaissances, de problématiques, mais aussi d'un intérêt commun. La recherche du moment convivial avec ses pairs fait sans aucun doute partie des motivations à rejoindre un club ou un cercle.

Résoudre une problématique (commerciale, économique...) ensemble plutôt que seul, voilà l'un des « avantages » à appartenir à une communauté. Comme « l'union fait la force », l'union apporte de la performance.

Du secret

En France, l'Occupation, durant la Seconde guerre mondiale, a laissé quelques stigmates. Le secret en fait partie. Dans la plupart des clubs et des cercles, la discrétion est de rigueur. Pour beaucoup, cela frise le secret d'État. Comment rejoindre celui-là ? Sans avoir déjà montré patte blanche, c'est-à-dire sans connaître un adhérent susceptible de devenir son parrain, impossible de le savoir. Combien coûte le droit d'entrée de celui-ci, et le montant de la cotisation annuelle d'un autre ? Confidentiel ! Quant à prétendre vouloir connaître quelques noms prestigieux appartenant à tel ou tel, motus ! Une chose est sûre, une fois quittée l'enceinte d'un club, il faut savoir garder sa langue, la confidentialité sur ce qui s'y raconte est indispensable.

De l'influence

Il suffit qu'un membre d'un club, d'un cercle, d'une communauté soit influent pour que le club, le cercle, la communauté auquel il appartient soit, de fait, influent.
Le club est-il un intrinsèque outil marketing ou l'est-il devenu ?

Et Internet ?

Depuis une dizaine d'années, Internet et ses réseaux dits sociaux ont explosé. L'échange s'entend maintenant au niveau mondial. Leur objectif, pour les sites à caractère professionnel, est d'augmenter la lisibilité professionnelle, de développer des contacts. Ces réseaux socioprofessionnels sont devenus des outils indispensables pour les recruteurs, et leur audience ne cesse d'augmenter.

Il faut veiller, pour ceux qui alimentent des profils sur plusieurs sites, à entretenir une cohérence des informations précisées sur chacun. Il faut également veiller à ne pas mélanger les contenus personnel et professionnel, et à harmoniser les informations données.

Un ascenseur social très français

Cette logique « réseau et corporatisme » est très française. Elle peut effrayer ou paraître injuste, mais on ne peut nier sa réalité. Aujourd'hui, en France, plus de 80 % des emplois sont obtenus par relations. À méditer !

Mes deux « règles de trois »

par Vincent Beaufils,

directeur de la rédaction de *Challenges*

Par nature, un journaliste est un individualiste. Par obligation, un journaliste doit « réseauter ». Particulièrement dans un journal comme *Challenges*, qui s'enorgueillit de publier une moyenne de cinquante informations confidentielles chaque semaine. Comment vivre cette contradiction ? La première règle, dans un pays comme la France, dans un village comme Paris, consiste à utiliser ses déjeuners comme un carnet de bal. Déjeuner, c'est mauvais pour la ligne. Ne pas déjeuner, c'est ne pas faire son métier.

Étape suivante : il faut s'affranchir de la gêne naturelle, inhérente à notre profession, d'être « membre ». Et donc se soumettre à la règle classique des experts en réseaux, qui prône une appartenance à trois cercles différents. Là encore, il y a, du fait de l'exercice d'une profession qui demande un minimum de distance avec les centres de pouvoir, quelques avenants à respecter : de même qu'un journaliste ne doit pas, à mon sens, solliciter ou recevoir les honneurs que confère l'octroi de décorations, il ne peut pas être à la recherche de la consécration que représente, pour certains, l'appartenance au *nec plus ultra* des clubs : je veux parler du Siècle. Bien sûr, la rencontre mensuelle du jeudi à l'Automobile club peut apparaître extrêmement pratique, notamment pour ce moment idéal, ce « *before dinner* », véritable ballet des élites où s'échangent vrais tuyaux et fausses infos. Mais il n'y a pas meilleure illustration de cette « France d'à côté », pour reprendre le nouveau concept inventé par Publicis, effectivement plus exact que la « France d'en haut », stigmatisée par l'ancien Premier ministre Jean-Pierre Raffarin.

Impossible donc à pratiquer pour ne pas déborder de connivence, ou se retrouver, non sans raison, taxé d'isolement vis-à-vis du monde réel. Ce qui est, à l'évidence, dans notre métier, une faute professionnelle...

Comment, dès lors, appliquer la « règle de trois » ? La réponse vient du monde anglo-saxon : appartenir à des réseaux professionnels. Coup de chance, trois cartes sont abritées dans mon portefeuille : celles du Press club (même si les rencontres n'y ont pas la tradition de camaraderie de ces confréries dans les pays étrangers), de l'Association des journalistes économiques et financiers (dont les petits déjeuners au Grand Palais sont d'utiles compléments de notre activité quotidienne) et du Club Mac-Luhan (réunions sympathiques des pros de l'information et de la communication dans le cadre de l'Aéro-club de France, qui nous aident à prendre de la hauteur).

Pourtant, cette liste n'est guère satisfaisante. Il s'agit là en effet de véritables instruments de travail. La preuve ? Toutes les cotisations payées sont remboursées en notes de frais professionnels. Alors élargissons le périmètre pour donner davantage de vie, hors les murs du bureau, à la « règle de trois », et consultons les talons du carnet de chèques pour recenser les associations auxquelles l'appartenance est une forme de coup de cœur et le paiement d'une cotisation, presque du bonheur. Au premier rang, surprise !, l'Association des anciens HEC. Les 190 € payés ne sont pas seulement le témoignage de fidélité à mon « *alma mater* », comme on dit outre-Atlantique. C'est aussi un rappel annuel agréable de ces trois années passées sur le campus de Jouy-en-Josas, où j'ai plus appris en amitié qu'en comptabilité, et c'est très bien ainsi.

Vient après le principe de plaisir : les 110 € pour certifier de mon assiduité aux compétitions de l'Association de la presse et du golf, avec le seul regret de ne pouvoir suffisamment honorer ces rendez-vous, organisés trop souvent pendant la semaine. Mais pour conclure, quel troisième cercle mettre en avant ? Le Racing, passé entre les mains de la maison Lagardère ? Même si le tennis pratiqué au bois de Boulogne est un rare privilège que je ne suis pas prêt d'abandonner (contre un chèque dix fois plus élevé que les précédents, quand même !), il n'y a que les fans de Facebook pour dire qu'ils ont 20 000 amis, le nombre de membres du Racing... Alors où est-il logé ce troisième centre d'intérêt ? À l'évidence en Amérique latine, continent où sont nés ma femme et mes enfants. Il y avait bien une Association des journalistes spécialistes de l'Amérique latine et des Caraïbes, dont j'aurais pu être trésorier, mais elle n'a pas survécu. Le voilà, mon cercle disparu.

Palmarès de l'influence 2011 des personnalités politiques en France[1]

Femmes politiques

1. Marine Le Pen
2. Christine Lagarde
3. Martine Aubry
4. Nathalie Kosciusko-Morizet
5. Cécile Duflot
6. Ségolène Royal
7. Valérie Pécresse
8. Carla Bruni-Sarkozy
9. Michèle Alliot-Marie
10. Corinne Lepage

Hommes politiques

1. Dominique Strauss-Kahn
2. Alain Juppé
3. Nicolas Sarkozy
4. Jean-Louis Borloo
5. Jean-François Copé
6. Laurent Fabius
7. François Fillon
8. François Hollande
9. Claude Guéant
10. François Baroin

1. Enquête réalisée du 11 avril au 3 mai 2011 auprès d'un échantillon de 800 dirigeants d'entreprise du Wine & Business Club.

Palmarès de l'influence 2011 des dirigeants d'entreprise en France[1]

Dirigeantes d'entreprise

1. Anne Lauvergeon
2. Laurence Parisot
3. Mercedes Erra
4. Patricia Barbizet
5. Clara Gaymard
6. Dominique Hériard-Dubreuil
7. Dominique Reiniche
8. Anne Meaux
9. Nathalie Ross
10. Françoise Gri

Dirigeants d'entreprise

1. Bernard Arnault
2. Claude Bébéar
3. Xavier Fontanet
4. Martin Bouygues
5. Henri Proglio
6. Carlos Ghosn
7. Jean-Claude Trichet
8. François Pinault
9. Michel-Édouard Leclerc
10. Matthieu Pigasse

1. Enquête réalisée du 11 avril au 3 mai 2011 auprès d'un échantillon de 800 dirigeants d'entreprise du Wine & Business Club.

La franc-maçonnerie

Entretien avec Alain Bauer

La franc-maçonnerie, comment ça marche ?

La franc-maçonnerie, c'est la boîte à outils de la République, sa colonne vertébrale, l'abolition de l'esclavage, l'interdiction du travail de nuit des femmes et des enfants, la liberté d'association, la séparation des Églises et de l'État...

On y entre aux deux tiers par cooptation, le tiers restant se fait par candidature spontanée. Une fois celle-ci enregistrée, trois inspecteurs viennent rencontrer le candidat, un par un, pour vérifier qu'il a bien des idées républicaines, un comportement civique acceptable, qu'il est membre d'une association ou d'une autre... ou pas, mais qu'il a un engagement dans la société, et pour comprendre quel intérêt il porte à la franc-maçonnerie. S'il est à la recherche d'un équilibre entre une dimension initiatique intime et personnelle et un engagement social et citoyen, il est le bienvenu, et convoqué à un grand oral. Il faut obtenir 75,1 % des voix pour être accepté.

La franc-maçonnerie fonctionne en fait à l'inverse d'une secte. Il est difficile d'y entrer, mais facile d'en sortir, et cela coûte à peu près le prix de l'abonnement au câble ou au satellite.

La franc-maçonnerie est-elle un outil au service de la République ?

C'est la franc-maçonnerie qui a aidé à fonder la République. En 1877, il n'y a pas de parti républicain en France, il y a des élus républicains, mais pas d'organisation politique structurée. Tous se retrouvent au Grand Orient de France (GODF), partisans de la République et du drapeau bleu, blanc, rouge. Les élus de toutes les tendances républicaines confondues sont d'accord sur quelques principes fondamentaux.

La franc-maçonnerie va être le creuset de la République. C'est là que celle-ci va s'affirmer, à plusieurs reprises dans l'Histoire : 1830, les banquets républicains ; 1848, seul gouvernement franc-maçon de l'histoire de France. Ces principes sont issus d'un processus né dans les loges à partir de 1728. Dans un pays qui fonctionne alors par castes, les loges sont le seul endroit où tiers état, noblesse et clergé se parlent. Là, chacun y est accepté sur le principe de l'égalité. Certaines loges sont dirigées par un « non noble » élu au suffrage universel à partir de 1773. On est au milieu du XVIIIe siècle, dans un pays qui vit sous la monarchie absolue. La construction d'un idéal démocratique, puis républicain, se fait dans les loges, par défaut, car il n'existe pas d'autres lieux où de tels échanges sont possibles.

La franc-maçonnerie est née de la volonté d'Isaac Newton (1643-1727) autour de « l'invisible collège », où nonobstant les croyances des enseignants, ceux-ci sont acceptés pour leurs compétences. Il crée ensuite The Royal Academy, qui sera la première Académie des sciences, où l'on est recruté par cooptation, sur présentation de deux personnes, en faisant un discours inaugural, sans obligation religieuse. C'est en quelque sorte l'antichambre de la franc-maçonnerie qui va bientôt se créer : il est vite évident que la science sans morale, sans philosophie ni sciences humaines, ne suffit pas.

En 1725, la franc-maçonnerie arrive en France et naît en 1728. Jusqu'aux états généraux, elle n'est pas révolutionnaire et elle sera l'une des principales victimes de la Terreur (il y avait 1 000 loges en 1789, il en restera une dizaine en 1793).

En revanche, elle va aider au serment du Jeu de paume; elle crée les conditions d'une nouvelle majorité aux états généraux quand on passe du vote par ordre au vote par tête: le processus qui conduit des francs-maçons bourgeois, nobles et du clergé à voyager ensemble et, de fait, à partager, crée les conditions d'un dialogue par ailleurs inexistant et inenvisageable dans la société française. La loge fut un espace démocratique bien avant d'être un cercle républicain.

La reconstruction s'est faite grâce à Roëttiers de Montaleau. La franc-maçonnerie reconstituée est légitimiste. Elle est révolutionnaire avec la Révolution, impériale avec l'Empire, royale avec la monarchie, républicaine avec la République, mais toujours avec une nostalgie républicaine qu'elle affirmera en 1830, 1871, 1877, pesant sur le choix du système. Elle va créer le premier parti politique français républicain: le Parti républicain radical naît ainsi grâce à 105 loges maçonniques qui cotisent pour le fonder.

Quelle est la part des francs-maçons aux postes parlementaires et gouvernementaux aujourd'hui ?

Sous la Ve République, c'est au moment de l'élection de François Mitterrand qu'il y a le plus de francs-maçons élus. Mais alors que 70 % des parlementaires des IIIe et IVe Républiques étaient francs-maçons, ils sont moins de 10 % aujourd'hui.

Ce recul est dû au régime de Vichy qui a éradiqué, détruit la franc-maçonnerie. Il y avait 35 000 frères au GODF en 1939, il en restait 5 500 en 1945. La franc-maçonnerie française ne s'en est jamais relevée, au sens politique. Même si, quantitativement, elle est aujourd'hui à son apogée, avec presque 140 000 adhérents.

D'où vient ce nom ?

De l'anglais *freemason* qui signifie « maçon libre ». Et si elle n'a rien à voir avec la maçonnerie des bâtisseurs, la franc-maçonnerie a tout de même *construit* des idées. D'ailleurs, sur les premiers textes du *Journal officiel* de la Convention, de la Constituante, on trouve tous les symboles maçonniques.

Que signifient ces symboles ? D'où viennent-ils ?

Quand la franc-maçonnerie commence à exister en Angleterre, elle est face à une réelle concurrence : catholiques, protestants, juifs, musulmans, anglicans... Pour que ce mouvement « mystico-alchimico-rationnel » arrive à s'imposer, Jean-Théophile Désaguliers demande à James Anderson, pasteur, de construire une mythologie et un texte fondateur que l'on appellera les *Constitutions* d'Anderson (V1,1723-V2,1739).

Il invente une histoire, y mêlant les *old charges* (toutes les obligations et les règles du métier de maçon « opératif »), y ajoutant une légende où le premier maçon est Adam, le premier maître-maçon Noé, faisant traverser les continents aux enseignements de la maçonnerie jusqu'à ce qu'ils arrivent en Écosse, qui deviendra le berceau officiel de la franc-maçonnerie. La légende est née.

La « loge » était initialement une baraque dans laquelle les ouvriers des chantiers des cathédrales rangeaient leurs outils. Au Moyen Âge, et ces ouvriers étaient les « opératifs », ceux qui construisaient des temples matériels et glorifiaient Dieu. Par opposition, on a appelé « spéculatifs » les notables qui ont parfois été admis dans les loges, notamment écossaises, ou qui les ont créées directement.

Dans toutes les religions, on utilise les mêmes légendes. La plupart sont syncrétiques et s'imposent en utilisant des symboles déjà existants. Elles conservent les églises et les transforment en mosquées, et inversement...

La maçonnerie a fait de même, prenant des symboles universels en leur donnant des significations spécifiques. Elle parle d'éléments qui appartiennent à la communauté ésotérique de la majorité des *sachants*, tout en leur ouvrant des perspectives nouvelles: on va utiliser les meilleures compétences, nonobstant les croyances des autres. La nouveauté, c'est que l'on veut réunir ce qui est épars et rassembler les hommes sur ce qui est commun: « la religion de l'humanité », ainsi que le précise l'un des textes fondateurs.

D'ailleurs, la maçonnerie s'ouvre dès le début aux juifs, aux musulmans, aux protestants, aux Noirs, de même qu'aux autochtones que la maçonnerie coloniale reconnaît (Sénégal, possessions britanniques, colonies françaises...), puisqu'elle s'est installée partout dans le monde au rythme des échanges... sauf dans les pays dictatoriaux, qui ne la supportent pas.

Pourquoi le culte du secret ?

En fait, il n'y en a jamais eu. Le mot « secret » n'est même pas employé dans les textes fondateurs et les loges se réunissent au grand jour. Au départ, les réunions se tenaient dans des bistrots, les premiers noms de loges étaient l'Oie et le grill, la Timbale et le raisin, le Pommier... Il n'y avait pas d'initiation, mais on vous invitait à déjeuner, et éventuellement à revenir : vous étiez un nouvel « adhérent ». Des « maçons à vue ».

Ensuite, au rythme de son développement, la franc-maçonnerie a créé une cérémonie d'initiation, un processus. Dès 1723, le *Post Boy* (Journal des relais de poste) publiait les « secrets » de la maçonnerie, avant même qu'ils aient réussi à s'imposer comme éléments de régulation. Tels les mots et signes de reconnaissance qui servaient avant tout au voyage.

Le secret s'est en fait imposé dans les pays occupés par les Allemands pendant la Seconde guerre mondiale, et pas ailleurs.

Aujourd'hui, 80 % des frères taisent leur appartenance pour des raisons familiales et personnelles. C'est le seul secret de la maçonnerie : celui qui est adhérent et ne veut pas le dire, parce que c'est sa liberté.

Et les rites d'initiation, d'où viennent-ils ?

Ils se construisent dès 1720-1725 : les adhérents ont besoin de conforter leur sentiment d'appartenance, de ritualiser le processus. En 1780, une régulation s'opère, sous la houlette de Roëttiers de Montaleau.

Tout cela se traduit aussi par le décorum : reconstitution du temple de Jérusalem, avec pavé mosaïque, colonnes, lune, soleil, corde à nœuds, etc., et Marianne au Grand Orient de France, seule obédience avec un symbole républicain en tant que tel.

Qu'est-ce que la franc-maçonnerie aujourd'hui ?

La franc-maçonnerie est un espace où l'on écoute les autres et où l'on ne les interrompt pas. Elle aurait pu disparaître avec la société de l'information car c'était le premier et seul endroit où l'on pouvait discuter de ce qui était tabou. Les tabous ont disparu, télévision et Internet donnent accès à l'information immédiate. La maçonnerie survit grâce à l'échec de l'information télévisuelle, devenue un véritable spectacle. Un bon débat à la télévision est un espace de temps où personne ne s'écoute ni ne termine une phrase, où un brouhaha fait office de dialogue, et où le seul « héros » est l'animateur. Dans les loges, c'est l'inverse.

Le processus initiatique est du même ordre. On apprend à écouter les autres, quel que soit le sujet. À la fin des débats, la synthèse est faite par un « orateur » ; au début de la séance suivante, il fait valider son compte rendu pour être certain qu'il y ait un consensus sur ce qui a été dit. Tout cela construit une relation à la parole, au discours, au contenu, à l'autre, d'une tout autre nature que le bouleversement du monde où chaque information pousse l'autre dans un temps record.

Par son côté décalé, en préservant un espace de libre parole et d'écoute, la franc-maçonnerie a pu survivre à l'ère de l'information.

Sur quoi portent les travaux et débats ?

L'obédience, en assemblée générale, décide de sujets : questions symboliques, sociales, laïques, politiques ou environnementales... Tout au long de l'année, les loges vont travailler pour répondre à trois questions qu'elles auront choisies.

Les apprentis font des planches symboliques; les maîtres font des planches sur ce qu'ils veulent; entre les deux, les compagnons font des planches « mixtes ». Les réponses sont réunies dans une synthèse par région, puis une réponse nationale est décidée par l'assemblée générale. Le résultat est diffusé sans réserve.

La franc-maçonnerie est-elle un réseau d'influence?

Elle a de l'influence, même si elle n'est pas structurée pour cela. La solidarité, au sens humanitaire du terme, est une obligation: un frère au chômage ou victime d'un grave accident sera aidé.

En parallèle, se sont créées des « fraternelles », associations corporatistes, à l'inverse des loges, dont la résonance est territoriale. La plupart des fraternelles sont clairement des outils d'influence et de corruption, créées pour favoriser l'affairisme. D'autres existent par nécessité: les fraternelles politiques ou citoyennes, par exemple. Comme le débat politicien est interdit en loge, les frères n'ont pas d'autre choix que de se retrouver de cette manière-là. Et nul n'a jamais rien trouvé à leur reprocher.

Quelle est l'influence de la maçonnerie, d'un point de vue intellectuel et économique, dans la société française?

En termes économiques, il y a probablement moins de francs-maçons patrons d'entreprise du CAC 40 qu'il y en a au Parlement. Il reste quelques bastions maçons, anciens grands monopoles d'État, comme La Poste, EDF, Gaz de

France, l'aérospatial, les constructions de satellites, mais qui ont tendance à se réduire.

Intellectuellement, le pouvoir est plus important. La franc-maçonnerie, c'est la classe moyenne, médicale, éducative, les professions libérales. Un ensemble d'individus.

Combien cela coûte-t-il d'être franc-maçon ?

Chacun participe, en fonction de ses revenus, aux frais de la structure, en plus d'une cotisation annuelle à la formation nationale. Si la loge est locataire, les frères se partagent le loyer, si elle est propriétaire, les charges.

Les principales obédiences en France

Fédération française du droit humain
Président du conseil national : Jacques Samouelian
9, rue Pinel
75009 Paris
Tél. 01 44 08 62 62
droithumain-france.org

Grand Orient de France
Grand maître : Guy Arcizet
16, rue Cadet
75009 Paris
Tél. 01 45 23 20 92
godf.org

Grande loge de France
Grand maître : Alain-Noël Dubart
8, rue de Puteaux
75017 Paris
gldf.org

Grande loge féminine de France
Grande maîtresse : Denise Oberlin
60, rue Vitruve
75020 Paris
Tél. 01 43 71 05 74
glff.org

Grande loge mixte de France
8, rue de Bizerte
75017 Paris
Tél. 01 43 87 86 80
glmf.fr

Grande loge mixte universelle
Grand maître : Guy Roman
27, rue de la Réunion
75020 Paris
Tél. 01 44 93 36 04
glmu.fr

Grande loge nationale française
Grand maître : François Stifani
12, rue Christine-de-Pisan
75017 Paris
Tél. 01 44 15 86 20
glnf.asso.fr

Grande loge traditionnelle et symbolique Opéra
Grand maître : Étienne Taddei
9, place Henri-Barbusse
92300 Levallois
Tél. 01 41 05 98 68
gltso.org

Loge nationale française
Président du conseil national : Jacques Mlynarczyl
BP 154
92113 Clichy cedex
logenationalefrancaise.org

Les réseaux sociaux

Entretien avec Dan Serfaty, fondateur de viadeo.com

Les réseaux sociaux, objectif personnel ou professionnel ?

Le distinguo entre la sphère professionnelle et la sphère privée est un peu simpliste, d'autant plus que les barrières entre les deux diminuent et que les frontières ne sont pas étanches. Les plateformes, comme Viadeo et Facebook, sont conçues de manières différentes, elles ont des spécificités qui favorisent l'un ou l'autre aspect.

Ainsi, Facebook est vraiment conçu pour la relation interpersonnelle. La recherche s'y fait simplement par le nom. *A contrario*, les outils à vocation professionnelle sont conçus pour pouvoir chercher des gens de manière proactive, avec des moteurs de recherche croisée: études, région géographique, entreprise dans laquelle les gens travaillent... On y recherche des personnes par le biais de leurs caractéristiques professionnelles.

D'où vient l'émergence des réseaux ?

Les informaticiens n'ont pas réinventé la roue... Le Web, c'est avant tout une « toile » qui relie des hommes à travers des machines. Les réseaux sociaux, c'est l'amélioration du système, l'utilisation de recettes qui fonctionnent dans la vie physique et transcrites dans la sphère Internet.

Quand vous faisiez partie d'un club, vous deviez compulser un annuaire pour trouver une information pertinente. De même, quand un recruteur cherchait un profil, il étudiait l'ensemble des annuaires des grandes écoles pour l'identifier. Aujourd'hui, toutes ces informations sont réunies sur un site comme Viadeo.

L'outil Internet reprend les mêmes mécaniques qu'« avant » avec plus de puissance, la rapidité et l'efficacité en plus.

De quand cela date-t-il ?

C'est très récent. Pour les principaux, Viadeo a été créé fin 2004, Facebook en 2006, LinkedIn en 2003. Et leur croissance est extrêmement rapide : les utilisateurs de Facebook sont aujourd'hui 600 millions, et l'on estime qu'ils seront 1 milliard d'ici la fin 2011.

Quant à Viadeo, c'est aujourd'hui 35 millions de membres, 4,5 millions en France, 5,5 millions en Chine, plus de 11 millions en Amérique du Nord. En incluant les pays émergents (les Bric : Brésil, Russie, Inde, Chine), le public cible pour Viadeo équivaut à 500 millions de personnes dans le monde.

Les réseaux sociaux répondent à un besoin universel : ces chiffres apportent la preuve que créer un réseau est une nécessité commune à tous les hommes.

Privé/pro, qu'est-ce qui rapproche les deux types de réseau ?

De plus en plus d'entreprises ont investi Facebook, à l'image de Coca-Cola. Facebook est ainsi en train de devenir un média à part entière ; il représente déjà, semble-t-il, 5 % du marché publicitaire aux États-Unis.

Si avoir une page Facebook est essentiellement une question de *branding* pour des sociétés comme Coca-Cola, Viadeo permet aux entreprises de faire du business de manière très concrète : rencontrer des clients ou des fournisseurs, établir des contrats ou des partenariats, ou encore présenter ses produits.

Aujourd'hui, les entreprises doivent s'y intéresser et investir ce type de plateforme (investir l'espace plus encore que des moyens). Elles doivent s'assurer qu'elles sont porteuses de messages, voire de réponses à des critiques. L'absence sur Internet n'est plus possible pour l'entreprise aujourd'hui.

À quoi ça sert ? Pourquoi faut-il « y aller » ?

L'utilisation de ces outils est devenue évidente pour n'importe quel professionnel.

Une plateforme telle que Viadeo est d'abord utilisée pour *networker* (« réseauter »). Elle permet d'avoir un carnet d'adresses à jour en temps réel, accessible partout (même sur les téléphones mobiles). Des outils comme les forums de discussion donnent des informations sur des sujets particuliers (échanges entre éditeurs Java par exemple). Les pages questions-réponses permettent d'interroger la communauté sur un point précis : « J'ai tel projet, je cherche des fonds... » Autre exemple, un avocat fiscaliste, qui n'a pas le droit de faire de publicité, peut intervenir sur ces pages et faire ainsi connaître ses compétences.

Il faut être actif sur Internet, au même titre que dans un club « physique ». C'est l'outil technologique qui dématérialise la relation, mais celle-ci est loin d'être « virtuelle ». La finalité, surtout pour faire du business, est bien la rencontre.

Deuxième point d'entrée au réseau sur Internet, et souvent le premier pour l'utilisation professionnelle : le recrutement. Les moteurs de recherche sont autant utilisés par les recrutés que par les recruteurs. Pour ces derniers, cela permet d'accéder à des profils où dans 95 % des cas les personnes sont en poste, les 5 % restants étant à la recherche d'un emploi. L'ensemble des membres de Vidaeo sont donc des experts et des opérationnels.

Enfin, l'aspect business, en terme de développement commercial surtout, est très utilisé. L'outil est conçu essentiellement pour permettre à des personnes d'entrer en relation. Un exemple : je suis installé en Corse et souhaite attaquer le marché « continental », j'ai un produit à vendre ; grâce au moteur de recherche, je vais très vite et très facilement pouvoir contacter des personnes capables de le faire (message en direct avant tout autre contact). L'outil est un accélérateur, un catalyseur, pas une solution miracle.

Quel développement encore pour ces plateformes ?

On en est aux prémices. Aujourd'hui, on ne propose pas qu'une plateforme technique, pas simplement un site Internet, mais bien un ensemble de services qui ne peut que se développer.

L'accessibilité du carnet d'adresses, sur les mobiles par exemple, est encore assez pauvre, succincte. L'avenir est au développement des plateformes, à l'accessibilité sur tout type de support (smartphone ou tablette, mais aussi téléphone « basique »...), dans tous les pays (et donc dans toutes les langues), pour toutes les populations, en fonction des réalités économiques, politiques et culturelles de chacun.

Nous devons enrichir les fonctionnalités et pouvoir les offrir demain par le biais d'autres canaux.

Quelle est la valeur économique de ces réseaux ?

Au départ, Facebook ou Twitter ont lancé leur plateforme sans modèle économique précis. Ils ne savaient pas comment ils allaient gagner de l'argent, leur premier pari était d'obtenir de l'audience, puis de pouvoir la monétiser au mieux.

Les entreprises qui gèrent ces sites ne sont pas cotées en Bourse, et ne sont donc pas tenues de rendre publics leurs comptes. Les revenus de Facebook sont générés par la publicité et probablement par la mise à disposition d'informations concernant ses membres.

Un site comme Viadeo a pensé son business modèle tout de suite, avec trois sources de revenus. La publicité participe à hauteur de 25 % au chiffre d'affaires ; les services aux ressources humaines, avec des fonctionnalités spécifiques à hauteur de 25-30 % ; les abonnements « premium » pour 45 % à 50 %.

Viadeo est rentable depuis dix-huit mois maintenant. Ce modèle économique est valable dans tous les pays occidentaux, et fonctionne un peu différemment dans les pays émergents, où, pour le moment, comme en France lors du lancement, tous les services sont gratuits. Cela permet de faire croître la base des inscrits et l'audience, et de pouvoir les monétiser ensuite.

LinkedIn, avec 60 % de sa base de membres aux États-Unis et qui est rentable également depuis peu, a annoncé son entrée prochaine en Bourse. Son modèle économique repose sur les trois mêmes sources de revenus, mais dans des proportions différentes : le côté ressources humaines prime, les abonnements et la publicité arrivent ensuite. La cible est aussi plus orientée vers les salariés de grandes entreprises.

Les principaux sites de réseaux sociaux

Côté professionnel :

- **linkedin.com**, très présent sur le marché anglo-saxon ;
- **viadeo.com**, plus francophone, mais à l'audience mondiale (numéro 1 en Chine, en Amérique du Sud, etc.) ;
- **xing.com**, dont l'activité est axée sur le marché allemand, qui doit représenter près de 90 % de son chiffre d'affaires.

Côté privé : **facebook.com**.

Les clubs politiques

Qu'est-ce qu'un « club politique » ?

Les premiers clubs politiques datent de la Révolution française, ils sont l'héritage des Lumières. Ils étaient d'abord des lieux de débats, où l'on pouvait, déjà, rencontrer des hommes politiques, des intellectuels, des pairs, dans un contexte de réflexion et d'échanges.

La notion de « club » en politique est compliquée à définir. Normalement, un club réunit des gens qui ont un intérêt commun, des valeurs communes, un même objectif et qui débattent. Or le rôle des clubs politiques aujourd'hui est proprement de fédérer. Fédérer les troupes, les militants, autour d'un homme, pour promouvoir ses idées et le porter au plus haut. Aujourd'hui, les premiers clubs politiques sont les partis.

Il existe de nombreux clubs locaux, souvent appelés « associations », qui ne sont, en somme, rien d'autre que des micro-partis. Ses dernières années, en France, la floraison des clubs est liée au financement des partis politiques. En 1990, la Commission nationale des comptes de campagne et des financements politiques (CNCCFP), qui vérifie le respect par les partis de leurs obligations comptables et financières, recensait 28 partis politiques ; en 2009, le chiffre grimpait à 283 (*Le Monde*, 7 juillet 2010).

Les principales sources de revenu des partis politiques sont l'aide publique de l'État (calculée selon les résultats obtenus aux élections législatives et en fonction de leur représentation au Parlement), les cotisations des adhérents (qui ne sont pas plafonnées), les contributions des élus et les dons de personnes physiques. Toutes doivent être déclarées et les comptes sont contrôlés par la CNCCFP. Untel peut avoir un club de soutien local, un deuxième départemental, un troisième régional, un quatrième national..., autant de sources de financement pour le parti. C'est parfaitement légal. Et c'est bien là l'une des principales raisons d'être de ces clubs. La loi sur le financement des partis interdit en effet à un particulier de donner plus de 7 500 € par an à une même formation politique, mais pas à un même donateur de faire des dons à autant de partis ou micropartis qu'il le souhaite. De plus, les partis peuvent s'octroyer des dons sans limite ; ils reversent ainsi l'argent récolté au parti principal.

À l'UMP, le « Premier cercle » est un club, quoique sans reconnaissance administrative, qui regroupe les plus gros donateurs de la campagne de Sarkozy. Le principe est d'offrir, en compensation de leur donation (qui s'apparente là à un droit d'entrée), un moment avec Nicolas Sarkozy et/ou des personnalités du parti. Mais, intrinsèquement, les dirigeants de parti n'ont pas besoin d'un club indépendant. Les donateurs seraient près de 500 à être conviés régulièrement à un cocktail privé.

Côté Parti socialiste, « Désir d'avenir » a soutenu Ségolène Royal en 2007 ; elle n'avait pas le parti derrière elle. Le PS reste pourtant, à gauche, le club le plus efficace, le plus puissant aussi car le plus riche.

Les partis s'appuient également sur la réflexion de *think tanks*, soit indépendants, soit internes (comme le Laboratoire des idées au PS). En la matière, deux grandes institutions se distinguent : l'Institut Montaigne, qui invite nombre de personnalités politiques, et la Fondation Jean-Jaurès, qui convie beaucoup d'intellectuels. Comme la plupart des clubs à vocation intellectuelle, les partis et les clubs politiques invitent à leur tribune des personnalités et organisent des débats pour étayer leur propos.

Dans la sphère politique, les clubs parlementaires sont également des lieux de lobbying intense qui rassemblent des élus, par-delà les clivages politiques, autour d'un intérêt commun. Le soutien des membres du Club parlementaire de la table française n'est pas étranger à l'inscription du repas gastronomique français au patrimoine immatériel de l'humanité par l'Unesco. Ou encore, le Club des parlementaires amateurs de havanes créé par André Santini aurait participé à l'abandon d'un amendement prévoyant l'interdiction de fumer à la terrasse des bars, cafés et restaurants. Les clubs épicuriens sont nombreux, mais il en existe aussi sur l'avenir de l'audiovisuel et des médias, sur l'économie de la santé, des clubs de plongée ou de tintinophiles...

Liste des clubs et partis politiques

Benoist Apparu
Club 89
club89.org

Jean Arthuis
Alliance centriste
alliancecentriste.fr

Martine Aubry
Parti socialiste
parti-socialiste.fr

Olivier Besancenot
NPA
npa2009.org

François Bayrou
Modem
modem.fr

Jean-Marie Borloo
Parti radical
partiradical.net

Daniel Cohn-Bendit
Europe écologie-Les Verts
cohn-bendit.de

Jean-Pierre Chevènement
chevenement.fr

Jean-François Copé
Génération France
generationfrance.fr

Cécile Duflot
Europe écologie-Les Verts
ile-de-france.regions-europe-ecologie.fr

Laurent Fabius
Club Fraternité
clubfraternité.com

Jean-Pierre Le Goff
Politique autrement
politique-autrement.org

Corinne Lepage
Cap 21
cap21.net

Marine Le Pen
Idées-nation
ideesnation.fr

Jean-Luc Mélenchon
jean-luc-melenchon.com

Bruno Mégret
Mouvement national républicain
m-n-r.fr

Arnaud Montebourg
Des idées et des rêves
desideesetdesreves.fr ; arnaudmontebourg.fr
Convention pour la VIe République
c6r.org

Hervé Morin
Nouveau centre (Le)
hervemorin.fr

Bernard Reygrobellet
Club nouveau siècle
club-nouveau-siecle.org

Ségolène Royal
Désirs d'avenir
desirsdavenir.org

Dominique Strauss-Kahn
Club DSK
clubdsk.fr

Dominique de Villepin
République solidaire
republiquesolidaire.fr

Laurent Wauquiez
Club la Droite sociale

Rama Yade
Allons enfants !
allons-enfants.org
Agir pour Colombes
rama.agirpourcolombes.fr

Les clubs
de A à Z

Accent sur Elles

De longue date, Accenture mène des actions pour favoriser la progression de carrière des femmes. De cette expérience est sorti un constat majeur : l'accession des femmes aux postes à responsabilité dépend en partie de leur participation à des réseaux professionnels et de leur partage d'expériences au sein et à l'extérieur de leur entreprise. Un réseau interne s'est ainsi peu à peu constitué et renforcé. En 2004, après trois années de capitalisation en interne, le réseau Accent sur Elles naît officiellement, en présence de Nicole Ameline, alors ministre de la Parité et de l'Égalité professionnelle.

Ce réseau est résolument tourné vers les femmes de talent occupant des postes à responsabilité en entreprise, et ce, quel que soit leur secteur d'activité. Il leur offre l'opportunité de se retrouver régulièrement et d'échanger sur le management et la progression de carrière au féminin avec d'autres femmes ayant des préoccupations similaires.

Les membres du réseau Accent sur Elles sont des femmes cadres de grandes entreprises française, dans tous les secteurs d'activité. En position de management et promises à une belle carrière, elles souhaitent consolider leur situation en adhérant à un réseau fort et en participant aux événements qu'il organise.

Des manifestations trimestrielles, petits déjeuners ou soirées, et la participation au Women's Forum, permettent aux huit cents adhérentes de rencontrer des professionnels, chercheurs, formateurs, sur les problématiques professionnelles : « Les femmes dans les médias », « Boostez votre carrière : changez la donne ! », « Quel est le langage caché de son apparence ? », « Quel est le lien entre mixité et performance ? »...

Pour les rejoindre il faut être une femme, occuper un poste à responsabilité au sein d'une grande entreprise et vouloir échanger avec d'autres femmes sur la gestion de carrière.

→ Présidente : Armelle Carminati
Accenture
118, avenue de France
75013 Paris
Tél. : 01 53 23 55 55
accenture.com

Acsel
(Association de l'économie numérique)

Lieu d'échanges et de propositions, l'Association de l'économie numérique regroupe des entreprises et des organismes qui veulent réfléchir collectivement à l'impact des technologies émergentes sur les évolutions des usages, des comportements et des modèles économiques.

Elle est ouverte à toutes les catégories d'acteurs intéressées par ces questions. L'association, créée en 1980, rassemble aujourd'hui quelque 180 entreprises et organismes représentatifs des métiers concernés : prestataires techniques, e-commerçants, éditeurs et fournisseurs de services en ligne, opérateurs de télécommunications, banques, acteurs du e-marketing, juristes, conseils...

Les travaux de l'Acsel couvrent l'ensemble des problématiques liées à l'émergence du numérique dans l'économie : dématérialisation des procédures et des services, évolutions dans le secteur de la distribution, nouvelles formes de marketing et de relations avec les clients, nouveaux comportements nomades...

Les travaux de l'association portent sur six grands thèmes rattachés chacun à une commission :

- marketing : quels sont les apports des TIC (*rich media*, haut débit, 2.0, etc.) sur le marketing et la relation client ?
- réseaux et services : quels sont les impacts de la mobilité sous l'impulsion des smartphones et des nouvelles tablettes ? Quelles évolutions pour les services vocaux à valeur ajoutée ?

- identités numériques : la gestion des identités numériques est un préalable à la dématérialisation de nombreux services tant publics que privés. L'Acsel réfléchit à la mise en place de la gestion de ces identités ; elle publie en coopération avec la Caisse des dépôts et consignations (CDC) le baromètre sur « la confiance des Français dans le numérique » ;
- distribution : l'Europe devient une nouvelle zone de chalandise pour l'e-commerce. Après un premier ouvrage en 2008, l'Acsel se penche à nouveau sur la problématique européenne au regard des évolutions de la distribution traditionnelle sous l'impact d'Internet ;
- *BtoB*: comment combler le retard des entreprises françaises dans le domaine de la dématérialisation des échanges, pour améliorer leur productivité et compétitivité ?
- moyens de paiement et services financiers (dont courtage de Bourse) : prépaiement, paiement mobile, micro-paiement, paiement de petits montants...

À cela s'ajoutent deux thématiques transversales : le domaine juridique et l'Europe (l'association dispose d'une domiciliation à Bruxelles).

Depuis 2002, l'association publie le *Baromètre trimestriel du e-commerce* et les chiffres-clés mensuels du courtage de Bourse en ligne. Elle réalise et publie des études : *L'e-marketing. La stratégie de la performance*, en coopération avec l'UDA (2006) ; *L'Europe, une opportunité pour l'e-commerce* (mai 2008). Elle a apporté son concours à *Jemelance.net* (Dunod, 2008), qui s'adresse aux nouveaux entrepreneurs du e-commerce. En octobre 2009, a été publié *E-commerce et distribution : comment Internet bouscule les canaux de vente*, qui préfigure l'évolution de la distribution sous l'influence d'Internet.

Dans le cadre de sa mission de décryptage, l'association organise des missions d'étude aux États-Unis (une quinzaine depuis 1994), en Chine (septembre 2006) ou au Royaume-Uni (juin 2009). En mai 2011, une mission en Californie a porté sur les nouveaux territoires de la mobilité.

En 2011, l'Acsel a attribué pour la deuxième année consécutive les « Acsel du numérique », destinés à distinguer des personnalités qui se sont illustrées par leur esprit d'innovation dans ce domaine. Le jury est présidé par Philippe Lemoine, président de Laser.

L'Association est en relation étroite avec le cabinet du ministre chargé de l'Industrie, de l'Énergie et de l'Économie numérique. Elle siège dans différentes instances françaises et participe aux travaux de plusieurs autres : Autorité de régulation des communications électroniques et des postes (Arcep) ; Commission consultative des communications électroniques (CCCE) ; Conseil supérieur de la propriété littéraire et artistique (CSPLA) ; Association française pour le nommage en coopération (Afnic) ; Comité Internet de Médiamétrie ; membre fondateur de la Fing (Fondation pour l'Internet nouvelle génération) ; membre de l'association SMS+ et de l'AFMM, Association française du multimédia mobile.

Le montant de l'adhésion, compris entre 900 € et 10 000 €, est relatif au chiffre d'affaires de l'année N-1 de l'entreprise adhérente. Pour les services publics et organismes à but non lucratif, les organismes consulaires, les organisations professionnelles et les collectivités locales, l'adhésion annuelle s'élève à 1 750 €.

→ Président : Pierre Kosciusko-Morizet
Secrétaire général : Gérard Ladoux
15, rue de la Banque
75002 Paris
Tél. : 01 49 26 03 04
associationeconomienumerique.fr

Aéro-club de France
(AéCF)

Si, dès 1895, l'idée d'un club rassemblant des passionnés de la conquête de l'air est déjà évoquée, c'est en 1898 que naît l'Aéro-club de France, « société d'encouragement à la locomotion aérienne ». Ernest Archdeacon, parrain de l'espéranto, Léon Serpollet et le comte Henri de la Valette convainquent Jules Verne, André Michelin, Albert de Dion, fondateur de l'Automobile club, Henry de La Vaulx, aéronaute, Alberto Santos-Dumont, pionnier brésilien, et Henry Deutsch de La Meurthe de se réunir autour de ce projet. C'est la première institution aéronautique créée au monde qui s'associera à celles d'Allemagne, de Belgique, de Grande-Bretagne, de Suisse, d'Espagne et des États-Unis pour fonder la Fédération aéronautique internationale (la FAI) en 1905.

Depuis sa création, l'Aéro-club de France a homologué le premier vol de l'histoire de l'aviation réalisé par Santos-Dumont en 1906. L'AéCF a établi le premier règlement d'obtention du brevet de pilote aviateur en 1908 et délivré les premiers brevets de pilote l'année suivante ; Santos-Dumont, les frères Wilbur et Orville Wright, Louis Blériot font partie des dix premiers détenteurs au monde. Il a aussi organisé le premier rallye aérien en 1922, « les 104 au kilomètre 104 », et distingué de grands acteurs de l'aéronautique, puis de l'espace, en leur remettant la « Grande médaille », entre autres : Alberto Santos-Dumont, Louis Blériot, Roland Garros, Clément Ader, Charles Lindberg, Jacqueline Auriol, Marcel Dassault, Neil Armstrong, Patrick Baudry, Claudie André-Deshaye (Haigneré), ou plus récemment les équipes des essais en vol de l'Airbus A380 et du Dassault Falcon 7X.

Pas moins de onze commissions se réunissent autour de sujets aussi variés que l'astronautique, l'innovation, les meetings, le patrimoine, les dirigeables, les jeunes ou l'humanitaire. Pour exemple de leurs travaux, la commission Handicapés remet chaque année des bourses pour soutenir des pilotes handicapés. Quant à la commission Histoire, arts et lettres, elle s'attache à détecter tout ce qui a trait à l'aéronautique dans la littérature, mais aussi dans l'art sous toutes ses formes, y compris l'audiovisuel, depuis les origines de l'aviation jusqu'à nos jours ; elle remet régulièrement les Prix littéraires de l'Aéro-club de France.

L'Aéro-club de France édite chaque trimestre *Aérofrance, la revue des pionniers de l'avenir.*

Les candidatures à l'Aéro-club de France sont examinées puis confirmées par la commission d'admission et doivent être parrainées par au moins un membre de l'AéCF. Les cotisations couvrent douze mois « de date à date ». L'adhésion individuelle varie de 25 € à 150 € selon le type de cotisation. L'adhésion « organisme » s'élève à 195 € (association, fédération, club...), et pour les sociétés, elle est de 220 € à 1 700 € selon le chiffre d'affaires.

→ Président : Jean-François Georges
Secrétaire général : Gilles Khaiat
6, rue Galilée
75782 Paris cedex 16
Tél. : 01 47 23 72 72
aeroclub.com

Aïda

(Association des entreprises mécènes de l'Orchestre national du Capitole de Toulouse)

Créée en 1988, l'association Aïda se veut un lieu privilégié de relation, de rencontre et d'émotion partagée. Initiée sous l'impulsion du directeur général de Matra Espace de l'époque, avec Aérospatiale, Airbus Industrie, Alcatel Espace, la Banque Courtois, la Banque populaire Toulouse-Pyrénées, le Cnes, EDF Midi-Pyrénées et Voyage Dépêche wagons-lits, elle réunit aujourd'hui pas moins d'une centaine d'entreprises. Elle rassemble l'essentiel des acteurs économiques de Toulouse et de sa région.

Aïda est une association de mécénat collectif ; elle participe au rayonnement culturel et international de l'Orchestre national du Capitole de Toulouse, contribuant financièrement à l'organisation de tournées internationales et à la production discographique de l'orchestre. Son action a été récompensée en 1999 par le Prix spécial du jury des Assises internationales de l'Admical (Association pour le développement du mécénat industriel et commercial).

Aïda a créé la bourse des Jeunes musiciens en 1994. Elle permet chaque année à une quinzaine d'élèves des conservatoires nationaux de Paris et de Lyon et du conservatoire national de région de Toulouse de participer à un stage de trois semaines au sein de l'orchestre toulousain. Cette immersion au sein d'un orchestre permet aux jeunes musiciens de se confronter à l'univers professionnel qui sera le leur.

Sur le même principe, la bourse Jeune chef d'orchestre a vu le jour en 1997, et la bourse des Jeunes compositeurs a suivi en 2000. Ainsi, quatre étudiants du Conservatoire national supérieur de Paris ont pu entendre leurs œuvres exécutées par les musiciens de l'Orchestre national du Capitole de Toulouse.

Être membre d'Aïda permet d'assister aux nombreux concerts exceptionnels « Aïda » organisés pour les adhérents et leurs invités (6 pour la saison 2010-2011), et de bénéficier de tarifs réduits sur les concerts et les abonnements. Des voyages sont également proposés pour rejoindre l'Orchestre national du Capitole de Toulouse lors de ses déplacements internationaux. Une lettre d'information trimestrielle rend compte à ses adhérents de l'actualité de l'association et de l'orchestre.

La cotisation annuelle s'élève à 3 800 € ou 19 500 € selon le statut choisi par l'entreprise.

→ Président : Francis Grass
Halle aux grains
Place Dupuy
31000 Toulouse
Tél. : 05 61 63 62 63
aida.asso.fr

AJ Auxerre

(AJA)

L'abbé Deschamps est à l'initiative de la création de l'AJ Auxerre en 1905. Le club dispose d'installations sur 15 hectares, en bordure de l'Yonne: un stade de 20 000 places, des salons de réception, deux centres de formation et un centre de préformation, huit terrains de football dont deux synthétiques et un synthétique couvert.

Quatre fois vainqueur de la Coupe de France, l'AJ Auxerre a créé un centre de formation en 1981.

Les soirs de match, pas moins de 300 partenaires, TPE, artisans, PME, grandes entreprises, se retrouvent dans les salons du stade pour assister aux matchs dans des conditions privilégiées. Trois clubs de partenaires existent: les clubs Europe, Yonne et Bourgogne, avec des offres spécifiques (magazine *Allez les Bleus*, réservation prioritaire pour certains matchs, cocktail de mi-temps ou dîner d'après-match...). Les tarifs sont de 2 000 € HT ou de 3 600 € HT par personne selon la formule choisie.

→ Président du club: Jean-Claude Hamel
Stade de l'Abbé-Deschamps
Route de Vaux
BP 349
89006 Auxerre cedex
Tél.: 03 86 72 32 32
aja.fr

Ambassadeurs de l'Usap à Paris (Les)

(Union sportive athlétique perpignanaise)

Les premiers fondements de l'Usap, née de fusions entre différents clubs de Perpignan, datent de 1902, quand est créée l'Association sportive perpignanaise, la première d'entre elles. C'est à partir de 1933 que le club s'appelle Usap, qui signifiait alors Union sportive arlequins perpignanais.

Le club a été sept fois vainqueur du Championnat de France (neuf fois finaliste), trois fois vainqueur du Challenge Yves du Manoir (Coupe de France, cinq fois finaliste), et une fois finaliste de la Coupe d'Europe à Perpignan. Les partenaires de l'Usap se réunissent au sein du Partenaires Usap Business club et du Club Entreprise.

Les Ambassadeurs de l'Usap à Paris ont été créés en 2010 sous l'impulsion d'André Athaner, chef d'entreprise et actionnaire du club, et Philippe Simon, consultant en communication. L'objectif de cette démarche, plébicitée par Paul Goze, président de l'Usap, consiste à réunir quinze Catalans de sang ou de cœur influents pour promouvoir le club dans les milieux économique et médiatique de la capitale. Parmi eux, on retrouve notamment : Michel Adé, directeur général de Montblanc France, Pierre Conte, directeur général adjoint du groupe Figaro, Jacques Massot, directeur des ressources humaines d'EADS, Bruno Molinas, président-directeur général de Sportys, Gilles Navarro, journaliste à *L'Équipe*, Michel Parent, directeur général d'Universal Music, Jérôme Pujol, avocat, Marc Sabaté, président-directeur général de Lully Conseil, ou encore Cédric Siré, président-directeur général de Pure People. *In fine*, leur ambition est de prêcher la bonne parole auprès de sponsors potentiels.

→ Président : Alain Marty
28, rue Pasquier / 75008 Paris
fr.usap.fr / alainmarty@winebusinessclub.fr

Amicale ISAE Supaéro Ensica

(Amicale des anciens élèves de l'Institut supérieur de l'aéronautique et de l'espace)

Association loi 1901 fondée en 1911, l'Amicale des anciens élèves de l'Institut supérieur de l'aéronautique et de l'espace, reconnue d'utilité publique en 1922, a pour objectif de renforcer les liens qui unissent la communauté ISAE Supaéro Ensica (plus de 18 700 diplômés au total depuis la fusion des deux écoles en 2009) et de contribuer à son rayonnement.

L'Amicale fait connaître et défend les diplômes Supaéro et Ensica, auprès des étudiants des classes préparatoires et des universités, mais aussi des recruteurs ou des organismes professionnels. Elle développe et entretient des liens d'amitié entre ses membres grâce à diverses manifestations qu'elle organise : dîners-débats, réunions de promotion, visites culturelles...

Elle met à la disposition de ses membres un site Internet fourni, incluant un espace carrières et un espace réservé aux adhérents. Elle diffuse un annuaire papier et un annuaire en ligne, ainsi qu'une lettre d'information trimestrielle, *ISAEdre*.

L'Amicale apporte un soutien à ses membres en difficulté à travers des caisses de secours ou des actions en faveur de l'emploi.

Les sociétés peuvent se faire référencer comme partenaires privilégiés de l'association. Le montant des cotisations individuelles annuelles, valable pour l'année civile en cours, varie de 24 € à 120 €, selon la promotion et la situation personnelle ou professionnelle.

→ Président : Bertrand Delahaye
35, rue Le Marois
75016 Paris
Tél. : 01 40 71 09 09
supaero.org

ASM Clermont-Auvergne

L'Association sportive Michelin (devenue montferrandaise en 1922), l'ASM, naît en 1911 sous la conduite de Marcel Michelin qui souhaite alors distraire et communiquer le goût de l'effort physique au personnel de la manufacture qui porte son nom. Dès ses débuts, le club opta pour la formule omnisports. Les trois premières sections qui virent le jour furent le cross, le football et le rugby, bientôt rejoints par l'escrime, le cyclisme, le tennis et le boulisme.

À la mi-2011, le stade a porté sa capacité d'accueil à 18 000 places après une année de travaux : fermeture des angles du stade, extension des espaces de réception, mise en place de deux écrans géants.

L'ASM Clermont-Auvergne permet aux sociétés qui le désirent de développer leur notoriété en associant leur image aux valeurs du rugby. Quatre cents entreprises partenaires profitent d'espaces privilégiés (salons, loges) en plus de leur promotion sur le terrain et dans les communications du club aux couleurs jaune et bleu. Les partenaires (majeurs, officiels, jaune et bleu) représentent 52 % du budget global de l'association, qui s'élève au total à 20 millions d'euros.

→ Stade Marcel-Michelin
35, rue du Clos-Four
63028 Clermont-Ferrand cedex 2
asm-rugby.com

Association amicale des anciens élèves de l'École nationale supérieure des Mines de Paris

(Mines ParisTech Alumni)

Fondée en 1864, l'Association amicale des anciens élèves de l'École nationale supérieure des Mines de Paris représente plus de 7 000 anciens élèves, ingénieurs civils, ingénieurs du corps des Mines ou diplômés de l'École des Mines de Paris. Après plus de 140 ans d'existence, elle a changé de nom d'usage en juin 2010 et est désormais baptisée Mines ParisTech Alumni.

Dès l'origine, l'association est destinée à maintenir et à resserrer les liens entre les élèves et les anciens, dans le but d'être utile à leur carrière. Aussi, les services développés pour faciliter le développement des carrières sont-ils nombreux: service Intermines carrières, portail « manageurs.com », XMP-entrepreneur, XMP-Business Angels, X-Mines consult...

Mines ParisTech Alumni propose aussi à ses membres des outils pour favoriser les informations et les échanges entre eux. L'association diffuse la *Revue des ingénieurs*, un bimestriel. Tous les « mineurs » possédant une adresse mail valide reçoivent également chaque mois les *News des mines*. Des groupes professionnels permettent de confronter des expériences dans un même secteur d'activité et de tisser des relations d'affaires (aéronautique et espace, automobile, énergie, environnement et développement durable, stratégie...). L'association organise des colloques ou des tables rondes, seule ou avec des associations d'anciens d'autres grandes écoles, et soutient des initiatives de ses membres, comme la création du groupe Mines au féminin.

L'appel à cotisation est envoyé chaque début d'année à tous les anciens élèves de l'école. Pour 2011, le montant de la cotisation est fixé à 105 €. S'y ajoutent 15 € correspondant à l'abonnement à la *Revue des ingénieurs*.

→ Président : Thierry Trouvé
60, boulevard Saint-Michel
75006 Paris
Tél. : 01 46 33 23 50
mines-paris.org

Association des anciens élèves de l'EDC

(Force EDC)

L'EDC, École des dirigeants et créateurs d'entreprise, anciennement École des cadres, appartient à 250 de ses anciens élèves, tous chefs d'entreprise, qui ont décidé de racheter leur école en 1995, à l'initiative d'Alain-Dominique Perrin.

L'association des anciens, Force EDC, regroupe plus de 12000 anciens élèves dans plus de 70 pays. Elle promeut l'image de l'école, favorise les échanges entre étudiants et anciens, permet à tous de créer et développer des liens professionnels et de se rassembler autour de thèmes propres à l'entreprise.

Force EDC met à la disposition de ses adhérents un service emploi, qui leur assure un soutien à toutes les étapes de leur vie professionnelle, proposant même un service d'*outplacement*.

Quelques anciens ont également créé EDC Capital dont l'intervention se concentre sur les projets apportés par les étudiants et les diplômés depuis moins de cinq ans. Son action se traduit par des soutiens professionnels (conception, validation d'un projet, aide au montage financier) et financiers.

→ Président : Jacques Rouvroy
Déléguée générale : Claude Boismorand
70, galerie des Damiers
La Défense 1
92415 Courbevoie cedex
Tél. : 01 46 93 30 10 / force-edc.com

Association des anciens élèves de l'École alsacienne
(AAEEA)

Quelques anciens de l'École alsacienne se sont réunis en association dès 1875. Ils redistribuaient alors leur argent de poche à des personnes en difficulté. C'est en 1882 que le groupement a pris sa forme définitive. Son objet reste depuis lors d'« établir un centre commun de relations amicales entre les membres qui la composent et de venir en aide à ceux des anciens élèves qui peuvent avoir besoin d'assistance ».

Depuis 1974, l'AAEEA remet chaque année le prix Lazlo-Nemeth, ancien prix de la Camaraderie, à un élève de terminale. Elle offre aux élèves des bourses leur permettant de poursuivre leurs études au sein de l'école ou de participer à des séjours linguistiques et culturels à l'étranger.

Elle organise des dîners, des réunions de promotion, permettant aux adhérents de se retrouver, mais aussi de rencontrer des personnalités. Elle propose également des concerts, des dédicaces avec des grands noms de la littérature, des expositions. Elle édite des ouvrages sur l'histoire de l'école (livres ou films documentaires), ainsi qu'un annuaire (tous les deux ans), et *Fanzine*, la gazette des anciens qui paraît deux fois par an.

Anciens élèves, élèves, mais aussi membres associés, peuvent rejoindre le millier de membres actifs de l'Association des anciens élèves de l'École alsacienne, moyennant une cotisation annuelle de 33 € (+ 8 € d'entraide facultative).

La cotisation est de 16 € (+ 5 € d'entraide facultative) pour les moins de 28 ans.

→ Président : Yann Legargeant
19, rue Notre-Dame-des-Champs
75006 Paris
aaaeea.com

Association des anciens élèves de l'École des Roches et du Collège de Normandie (AERN)

L'École des Roches est un établissement privé (primaire, collège et lycée) en internat fondé en 1899 par Edmond Demolins, disciple de Frédéric Le Play. L'Association des anciens élèves de l'École des Roches et du Collège de Normandie, née en 1910, rassemble environ 5 000 anciens Rocheux, parmi les plus de 10 000 anciens de par le monde.

Elle conserve la mémoire de l'école et maintient des liens étroits entre élèves et anciens. Elle édite un annuaire chaque année et fait le lien entre tous avec le journal *Rocs & Rocheux*. Elle met à la disposition de ses membres un site Internet privé où ils ont accès à un forum de discussion et à un espace d'offres d'emploi et de stages. L'association est également présente sur Facebook (page accessible sur demande).

Une fois par mois, les anciens Rocheux se retrouvent à l'occasion de dîners et d'événements divers, parfois autour d'une personnalité, et aux « pots du lundi », apéritifs donnés au siège de l'association.

Dans l'annuaire, on retrouve des noms illustres, grandes familles, mais aussi chefs d'État, hommes politiques, industriels ou célébrités ont confié leurs enfants aux Roches : Bolloré, Borotra, Broglie, Cassel, Cousteau, Delon, Hennessy, Michelin, Orléans, Pagnol, Poniatowski, Rothschild...

La cotisation annuelle à l'AERN s'élève à 90 € pour l'Île-de-France et 55 € pour la province et l'étranger ; gratuite la première année après la sortie de l'école, elle est réduite à 15 € pour les deux suivantes.

→ Président : Bruno Toupet
88, rue de Miromesnil
75008 Paris
Tél. : 01 45 61 15 07
aern.fr

Association des anciens élèves de l'École nationale d'administration

(AAEENA)

L'Ena a été créée en 1945 pour unifier et démocratiser le recrutement de l'encadrement supérieur de l'État. L'école a pour fonction de sélectionner et de former les hauts fonctionnaires chargés de mettre en œuvre les politiques publiques selon les exigences de l'intérêt général – exigences qu'il est souvent difficile de faire valoir face à la multitude des intérêts particuliers. Deux ans plus, tard, l'Association des anciens élèves de l'École nationale d'administration voyait le jour. Elle rassemble aujourd'hui la plupart des quelque 6000 anciens élèves et 2000 anciens élèves étrangers.

L'Association des anciens élèves de l'Ena a pour mission non seulement de représenter les anciens élèves auprès des pouvoirs publics et de défendre leurs intérêts moraux et matériels, mais aussi de promouvoir les principes issus de la tradition républicaine qui ont inspiré la création de l'école. De ce fait, s'il va de soi qu'elle s'interdit toute prise de position à caractère politique ou confessionnel, elle n'en participe pas moins aux grands débats du moment, lorsque ses principes sont susceptibles d'être mis en jeu.

Elle assure également des missions plus traditionnelles, comme établir et développer des relations amicales, entretenir un lien de solidarité et d'entraide, pour les anciens élèves, mais aussi pour ceux scolarisés et ceux de l'étranger. Et, bien entendu, elle gère un service Carrières, qui informe, conseille, aide les anciens dans la conduite de leur parcours professionnel. Elle donne également accès à des visites, des conférences, des spectacles, et aux rencontres du Club Ena. L'AAEENA publie la revue mensuelle *L'Ena, hors les murs* (abonnement annuel, 52 €) et l'annuaire des anciens élèves (disponible à l'association, 350 € HT). Les adhérents bénéficient de l'annuaire, de la revue, du service Carrières, d'un contrat d'assurance, d'un accès intranet, moyennant une cotisation annuelle de 80 € à 115 €, selon la promotion.

→ Présidente : Christine Demesse
226, boulevard Saint-Germain
75007 Paris
Tél. : 01 45 44 49 50
aaeena.fr

Association des anciens élèves de l'École nationale des ponts et chaussées

(Ponts Alliance – Ponts ParisTech Alumni)

Créée en 1860, l'association, aujourd'hui baptisée Ponts Alliance, regroupe un peu plus de 13 000 diplômés à travers le monde.

Ponts Alliance s'est fixé six missions essentielles :

- regrouper et représenter la collectivité des diplômés de l'ENPC et les ingénieurs des Ponts et Chaussées ;
- assurer, d'une façon générale, la défense des intérêts de ses membres et promouvoir leur image dans leurs activités nationales et internationales ;
- être un lieu de rassemblement des diplômés permettant des activités d'échanges et de réflexion dans l'esprit de l'École des ponts, quel que soit leur secteur professionnel ;
- apporter aides et conseils à ses membres dans la recherche d'emploi et/ou l'évolution de carrière, ainsi que pour la création/reprise d'entreprise ;
- soutenir le développement et le rayonnement de l'École des ponts en France comme à l'international ;
- favoriser les échanges entre les élèves et l'ensemble de ses membres que ce soit par le biais de l'enseignement, de l'orientation ou de l'insertion professionnelle.

Les cotisations annuelles varient de 75 € à 180 € (jeune promotion, normale, retraité ou couple Ponts), auxquels il convient d'ajouter 46 € pour l'abonnement à la revue *PCM Ponts et Chaussées magazine* (10 numéros par an).

→ Président : Fouad Awada
Délégué permanent : Stéphane Dassé
Maison des Ponts
15, rue de la Fontaine-au-Roi
75011 Paris
Tél. : 01 44 58 24 18
ponts.org

Association des anciens élèves de l'IAE de Paris Sorbonne

(AAE IAE – IAE de Paris Alumni)

Classiques dans les écoles de commerce ou d'ingénieurs, plus rares à l'université, les associations d'anciens constituent un réseau convivial et stratégique dans une carrière professionnelle. L'Association des diplômés de l'IAE de Paris a été créée en 1957 afin de réunir, développer, animer le réseau des anciens élèves et de participer à la notoriété de l'Institut d'administration des entreprises de Paris, composante de l'université Paris-I Panthéon-Sorbonne.

L'IAE de Paris Alumni est riche d'une vingtaine de clubs professionnels qui réunissent étudiants et anciens élèves par fonction ou secteur d'activité (Afrique, Asie, business et développement, droit et fiscalité des affaires, innovation, spectacles...), sur des thèmes spécifiques et selon le calendrier propre à chaque structure. Chaque club dispose de ses propres pages Web et crée une liste de diffusion pour ses membres afin d'assurer une communication optimale entre eux. L'ensemble des clubs organise plus de cent conférences par an.

L'association se veut un espace de partage et d'échanges, destiné à répondre aux besoins des élèves et des diplômés, tout au long de leur parcours professionnel, tout en répondant à la maxime de l'école : « IAE Alumni, un réseau pour la vie. » Elle cherche à se développer à l'international, tout en continuant à organiser des manifestations ambitieuses, à adapter constamment ses services d'entraide et à participer à la valorisation des diplômes.

Les adhérents de l'IAE de Paris Alumni bénéficient d'un accès privilégié au site Internet, avec la consultation en ligne de l'annuaire (24 500 diplômés et 2 000 étudiants) et des offres d'emploi mises à jour chaque semaine. Ils ont accès à un accompagnement privilégié dans le cadre de leur évolution professionnelle, et reçoivent l'ensemble des publications de l'association : annuaire, programme mensuel des rendez-vous, newsletter, revue.

Le montant des cotisations annuelles s'élève à 10 € pour les étudiants ; 45 € pour les jeunes diplômés, les retraités et les diplômés en recherche d'emploi. Pour les autres diplômés, elles sont de 90 € (cotisation normale) ou de 150 € (cotisation de soutien).

→ Président : Cyril Golovtchan
21, rue Brocca
75240 Paris cedex 05
Tél. : 01 53 55 27 32
iae-paris.org

Association des anciens élèves de l'Ipag

(AE Ipag)

Fondée en 1976, l'Association des anciens élèves de l'Ipag (Institut de préparation à l'administration et à la gestion) est particulièrement dynamique. Elle a pour objectifs de créer un réseau d'anciens fiable et efficace afin d'optimiser les synergies dans quelque domaine que ce soit. L'action consiste également à promouvoir la formation de l'école, de défendre et développer son image et sa notoriété, tant auprès des entreprises que des cabinets de recrutement et du grand public. Enfin, elle offre, en plus du conseil et de l'assistance sur le plan professionnel à ceux qui le désirent, d'entretenir une relation permanente avec les anciens et de tout faire pour optimiser les rencontres avec eux.

L'AE Ipag offre différents services à ses adhérents, qu'ils soient parisiens ou niçois. Elle développe des partenariats avec différentes associations professionnelles (Adetem pour le marketing, Académie pour la comptabilité, Avarap et Apec pour l'emploi...). Elle édite un annuaire (papier et en ligne) et accompagne les anciens élèves dans l'organisation de rencontres de promotions.

Les cotisations annuelles s'élèvent à 25 € pour les jeunes diplômés (2009 et 2010), 35 € pour les expatriés, et 45 € pour les autres anciens élèves.

→ Président : Michel Bassas Monell
184, boulevard Saint-Germain
75006 Paris
Tél. : 01 53 63 36 04
aeipag.com

Association des anciens élèves de l'université Paris-Dauphine

(Dauphine Alumni, le réseau des Dauphinois)

L'université Paris-IX-Dauphine a été créée en 1968 et l'association des anciens l'année suivante. Dauphine compte aujourd'hui plus de 63 000 « alumni » (les anciens diplômés) et 9 000 étudiants.

Différents clubs réunissent des Dauphinois autour d'intérêts communs: Club Cigare de Dauphine, Dauphine Média, Dauphine Marine, Dauphine Maroc... Tous organisent des conférences, des visites, développe des projets sur les sujets qui les animent. Pour exemple, Dauphine Afrique participe à la construction de deux nouvelles universités avec une filière formation continue ouverte aux cadres des entreprises locales: l'une basée à Ouagadougou et ouverte sur toute l'Afrique de l'Ouest; l'autre établie au Cameroun et ouverte sur l'Afrique centrale.

Être adhérent de Dauphine Alumni permet de recevoir un exemplaire papier de l'annuaire, d'avoir un accès gratuit aux offres d'emploi et à la CVthèque, tous deux en ligne, de pouvoir participer aux nombreuses manifestations, professionnelles ou non, organisées en France et à l'étranger. Les cotisations annuelles s'échelonnent de 20 € à 250 €, selon les cas, d'étudiant à « bienfaiteur ».

→ Présidente : Dominique Blanchecotte
Place du Maréchal-de-Lattre-de-Tassigny
75775 Paris cedex 16
Tél. : 01 44 05 44 99
dauphine-alumni.org

Association des anciens élèves diplômés de l'École polytechnique (AX)

Fondée en 1865, 71 ans après la création de l'école, sous le nom de Société amicale de secours des anciens élèves de l'École polytechnique, l'Association des anciens élèves diplômés de l'École polytechnique a « recueilli » en 1963 la Société des amis de l'École polytechnique et a pris alors sa dénomination actuelle.

Afin d'assurer son budget elle créa en 1879 le bal annuel, toujours d'actualité. Et elle publia assez régulièrement à partir de 1867 l'annuaire des anciens élèves.

Les objectifs de l'AX sont ainsi définis : assurer la liaison entre les anciens élèves de toutes les promotions, développer entre eux amitié et solidarité, apporter de l'aide aux élèves et aux anciens élèves qui en ont besoin. Il s'agit également pour l'association de représenter à l'extérieur la communauté polytechnicienne, en particulier auprès des instances politiques, administratives ou médiatiques.

Enfin, l'AX aide l'école à atteindre ses objectifs en matière de haut enseignement scientifique et de développement vers l'international.

L'association fédère des groupes régionaux, des groupes professionnels, d'autres sur des sujets divers (défense, mer, démographie, œnologie...).

Un bureau des carrières est à la disposition des « X », à l'école et tout au long de leur vie professionnelle.

L'AX édite dix fois par an la revue *La Jaune et la Rouge* (*J&R*), bulletin qui existe sous d'autres formes que l'actuelle depuis 1909.

Avec le prix Dargelos, l'AX récompense tous les deux ans l'auteur d'un travail de haute valeur scientifique dans les domaines suivants : physique, chimie, biologie, économie, mathématiques, informatique, humanités et sciences sociales. Le montant du prix pour le lauréat s'élève à 40 000 €. Les candidats (qui peuvent être proposés par des tiers) doivent par ailleurs remplir les conditions suivantes : être âgé de moins de 50 ans au 31 décembre de l'année de remise du prix, être titulaire d'un diplôme de l'École polytechnique ou avoir été enseignant-chercheur au sein de l'établissement pendant au moins cinq ans.

L'AX rassemble 13 400 adhérents sur 17 800 anciens élèves vivants. Pour les rejoindre, il faut être diplômé et acquitter une cotisation variant de 10 € à 160 € selon les diplômes et les promotions, et incluant l'abonnement à la revue *J&R*.

→ Président : Christian Gerondeau
5, rue Descartes
75005 Paris
Tél. : 01 56 81 11 00
polytechniciens.com

Association des anciens élèves, élèves et amis de l'École normale supérieure
(A-Ulm)

L'Association des anciens élèves, élèves et amis de l'École normale supérieure a été fondée en 1845, en qualité de « Caisse de secours mutuels », mission dont elle s'est toujours acquittée. En 2005, elle a fusionné avec la Société des amis, lui permettant d'accueillir en son sein tous ceux qui ont une relation avec l'ENS: enseignants, personnels, anciens auditeurs...

L'association œuvre au rayonnement de l'école et permet à tous les membres de la communauté normalienne de rester en contact. Elle apporte un soutien financier à l'élaboration de quelques événements (comme le week-end d'intégration) et à certains projets portés par des élèves, mais surtout aux archicubes (les anciens) confrontés à de graves difficultés, et des prêts sur l'honneur dans certains cas. Elle décerne le prix Romieu à une personne choisie pour son mérite personnel, son rayonnement, sa capacité à incarner aujourd'hui les valeurs de courage et d'engagement civique. L'A-Ulm soutient également le théâtre de l'Archicube.

En 1983, le Club des normaliens dans l'entreprise a vu le jour. C'est un lieu d'échanges pour l'ensemble des normaliens qui exercent une activité dans une entreprise, qu'elle soit publique ou privée. Il travaille en étroite collaboration avec le service Carrières de l'A-Ulm. La cotisation à ce club s'élève à 20 € par an et donne accès à des événements et des contenus spécifiques.

Les adhérents de l'Association des anciens ont accès à l'annuaire en ligne, à des publications (annuaire et supplément historique quinquennal, revue *L'Archicube*) et au service Carrières de l'association, réservé aux adhérents. Ils bénéficient aussi de services informatiques à vie plus développés. Pour prétendre à ces services, le montant de la cotisation s'élève à 20 € pour les élèves et les jeunes archicubes (10 dernières promotions), et à 50 € pour les membres en activité, à la retraite et les amis.

→ Président : Jean-Claude Lehmann
45, rue d'Ulm
75230 Paris cedex 05
Tél. : 01 44 32 32 32
archicubes.ens.fr

Association des auditeurs en intelligence économique de l'IHEDN

(AAIE IHEDN)

Fondée en 1999 par les auditeurs des cycles d'intelligence économique de l'IHEDN, l'AAIE de l'IHEDN développe des pôles de compétence et d'expertise liés à ce domaine. L'association participe au rayonnement de la mission de l'Institut des hautes études de défense nationale.

Commissions, groupes de prospectives, colloques et manifestations diverses contribuent à enrichir la réflexion nationale et européenne, ainsi qu'à formaliser les démarches et méthodes de mise en œuvre de l'intelligence économique et stratégique.

Parmi les missions qu'elle s'est assignées, l'association souhaite mettre son savoir-faire et sa capacité de mobilisation au service de la promotion de l'intelligence économique et stratégique auprès des entreprises, des corps intermédiaires et des institutions. Composée de spécialistes, dirigeants d'entreprise, cadres responsables et fonctionnaires de l'État, elle représente les différents secteurs d'activités.

Elle apporte son concours au développement économique et social de la France en général et à la compétitivité des entreprises en particulier.

Pour adhérer, il convient d'être diplômé d'un cycle d'intelligence économique et stratégique de l'IHEDN, de souscrire à la charte de déontologie de l'association (portant en particularité sur la confidentialité) et d'acquitter une cotisation annuelle de 60 € (la première année est gratuite).

→ Président : Patrick Langlard
BP 41
00445 Armées
Tél. : 06 08 96 88 94
asso-aie.org

Association des cadres bretons
(ACB)

Réseau identitaire créé en 1962, l'Association des cadres bretons réunit les acteurs pouvant concourir au développement économique de la Bretagne. Elle participe également au rayonnement culturel en encourageant les artistes bretons, contribue aux opérations de décentralisation et développe des relations internationales et amicales entre ses membres.

Aujourd'hui, l'ACB rassemble plus de 650 adhérents, bretons de naissance ou bretons de cœur, parmi lesquels Christian Noyer, gouverneur de la Banque de France, l'industriel François Pinault, Bertrand Méheut, patron de Canal +, ou encore Marc Le Fur, député des Côtes-d'Armor.

Pour adhérer, il vaut mieux être recommandé par un parrain, membre de l'association depuis au moins deux ans, même si une « candidature spontanée » est possible. La commission d'admission statue sur les demandes. Ensuite, les cotisations annuelles s'élèvent à 35 € pour les étudiants et les moins de 30 ans, 75 € pour les individuels de plus de 30 ans, et 100 € pour les couples.

→ Président : Yann Le Guellass
Maison de la Bretagne
8, rue de l'Arrivée
75015 Paris
cadres-bretons.fr

Association des cadres catalans de Paris (ACC)

Ce sont des professionnels originaires des Pyrénées-Orientales travaillant dans la capitale qui créent l'Association des cadres catalans de Paris en 1985. Leur objectif est de mettre leurs compétences et leurs réseaux au service de l'économie de la Catalogne nord, animant un réseau au service du département des Pyrénées-Orientales et des Catalans de Paris. Les adhérents, plus d'une centaine, constituent des groupes bénévoles qui s'investissent dans des dossiers économiques ou des activités culturelles. Une rencontre mensuelle sur un sujet économique ou culturel réunit les adhérents ; et, plusieurs fois par an, des visites privées sont également organisées (Palais du Luxembourg, Grande chancellerie de la Légion d'honneur...).

Depuis 1992, l'association remet chaque année un prix Culturel. Doté de 1 500 €, il récompense un jeune artiste ou scientifique ayant réalisé un travail qui met en valeur le pays catalan et que l'association souhaite encourager. Elle a également créé, en 1999, le prix Alfred Sauvy des entrepreneurs catalans. Celui-ci constitue la vitrine et l'activité économique majeure de l'association. 10 000 € sont attribués tous les ans à une entreprise en phase de création dans le département des Pyrénées-Orientales.

Le montant de l'adhésion annuelle est de 55 € par personne et de 70 € par couple. Un annuaire des adhérents est édité, et une page privée leur est réservée sur le site Internet de l'association. L'ACC est soutenue par la municipalité de Perpignan et le conseil général des Pyrénées-Orientales.

→ Président : Jérôme Pujol
Secrétaire générale : Anne-Marie Ehrhard
Maison des associations du VIe arrondissement
BP n° 24
60-62, rue Saint-André-des-Arts
75006 Paris
cadrescatalansparis.com
contact@cadrescatalansparis.com

Association des centraliens

L'Association des centraliens regroupe l'ensemble des élèves et anciens élèves de l'École centrale Paris, préparant ou ayant obtenu le diplôme d'ingénieur délivré par l'école. Elle a été créée en 1862.

L'association publie la revue mensuelle *Centraliens* qui diffuse des articles et dossiers techniques d'actualité. Des groupements professionnels organisent régulièrement des rencontres avec des personnalités du monde industriel et économique ; les « Entretiens de la technologie », ouverts aux entreprises de toutes dimensions et de tous secteurs d'activités, concourent à la promotion de l'innovation et à l'essor des transferts de technologie...

L'Association des centraliens développe des actions de solidarité : en faveur de l'emploi, en étant relais entre centraliens et entreprises, comme en faveur de l'entraide, en apportant des aides intellectuelles ou financières à ceux de ses membres qui se trouvent en difficulté morale ou matérielle.

Gérée par un conseil d'administration, l'association est également dotée de structures décentralisées (les « Composantes » : commissions, groupements professionnels, groupes régionaux en France et à l'étranger, promotions, permettent de démultiplier ses actions).

L'association est propriétaire depuis 1919 de l'ancien hôtel d'Essling, rue Jean-Goujon à Paris VIIIe, devenu la Maison des centraliens, où elle dispose de salles de réception.

Les adhésions annuelles individuelles dépendent de l'année de promotion et varient de 20 € à 180 € ; il faut y ajouter l'abonnement à la revue *Centraliens* (20 € ou 40 €). Une cotisation spécifique peut être due en cas d'adhésion à un groupe spécifique : Centrale Paris Développement, Groupe de Paris ou Composantes.

→ Président : Marc Ventre
Grande voie des Vignes
92295 Châtenay-Malabry cedex
Tél. : 01 41 13 10 00
centraliens.net

Association des diplômés de l'EMLyon

(EMLyon Forever)

EMLyon est une *business school* européenne dédiée à l'apprentissage du management entrepreneurial et international tout au long de la vie. L'association de ses anciens est baptisée EMLyon Forever.

EMLyon Forever, c'est d'abord la volonté de tisser des relations plus étroites entre tous les diplômés et les étudiants. C'est aussi celle de renforcer les liens entre les diplômés – où qu'ils soient en France et dans le monde, ils sont présents dans au moins dix-huit pays – et l'EMLyon, contribuant ainsi au rayonnement de l'école et de ses diplômés. EMLyon Forever, c'est aussi le souhait d'apporter aux diplômés une aide à la gestion de leur carrière professionnelle et au développement de leurs compétences, autant qu'un enrichissement personnel.

En 2011, l'association favorise l'adhésion à vie, moyennant 300 € pour les anciens diplômés, les étudiants étant désormais automatiquement « membre à vie » dès leur entrée à l'EMLyon. Adhérer permet à chacun des diplômés d'accéder à l'annuaire en ligne, actualisé en permanence. D'autres services et propositions sont réservés aux membres : une formation offerte tous les trois ans, à choisir parmi 123 modules ; une solution d'« auto-évaluation » en ligne permettant de faire le point sur ses compétences et d'en tirer un plan d'action personnalisé ; un accès privilégié aux déjeuners et soirées de performance.

→ Présidents : Jean-Claude Michel, Philippe Sans

Bureau de Lyon
23, avenue Guy-de-Collongue
69134 Écully cedex
Tél. : 04 78 33 78 00

Bureau de Paris
43, boulevard Malesherbes
75008 Paris
Tél. : 01 53 34 23 61
em-lyonalumni.com

Association des diplômés de Télécom ParisTech

(Télécom ParisTech Alumni)

Depuis plus de soixante ans, l'Association des diplômés de Télécom ParisTech rassemble anciens et futurs diplômés, et assure une passerelle entre l'école, les entreprises et les diplômés de Télécom ParisTech, école d'ingénieurs créée en 1878.

Télécom ParisTech Alumni propose à ses adhérents de se réunir et d'échanger en participant à des conférences, des séminaires, et à des groupes de réflexion thématiques, des groupes régionaux ou internationaux, ou à des clubs (course à pied, œnologie, photo, théâtre et opéra). Elle entretient des échanges nationaux et internationaux, en s'appuyant sur le réseau de plus de 170 000 diplômés de ParisTech Alumni. Et, bien entendu, elle développe les relations entre les élèves, les conseille tout au long de leur carrière (avec un bureau Carrières et une bourse de l'emploi), édite *Télécom*, une revue trimestrielle rendant compte de ses activités.

Elle promeut l'image de Télécom ParisTech, notamment à travers l'organisation du prix des Technologies numériques, créé en 1998 pour récompenser les acteurs et les projets ayant fortement marqué l'univers des technologies de l'information et contribué à leur évolution dans trois catégories : Promoteur de la société de l'information, Manager d'entreprise et Créateur d'entreprise.

Les cotisations annuelles sont fonction des promotions et varient de 36 € à 86 €.

→ Présidente : Claire Paponneau
46, rue Barrault / 75634 Paris cedex 13
Tél. : 01 45 81 77 77 / telecom-paristech.org

Association des diplômés du groupe Essec

(ADGE – Essec Business School Alumni)

L'Association des diplômés du groupe Essec a succédé en 2003 à l'Association des anciens élèves de l'Essec fondée en 1923. Elle réunit sous cette nouvelle entité l'ensemble des diplômés du groupe Essec, constituant un réseau de 37 000 diplômés. Elle rassemble 23 clubs professionnels, 17 clubs régionaux en France, 16 clubs de loisirs ou sportifs, 55 *chapters* dans le monde, et organise par leur biais près de 300 événements par an.

ADGE ambitionne de développer le « réflexe réseau », en animant la relation entre tous les Essec, favorisant les échanges et l'ouverture avec les milieux extérieurs, qu'ils soient économiques, sociaux ou culturels. Elle fait rayonner la marque Essec et témoigne des valeurs et des savoir-faire du groupe et des diplômés afin de faciliter leur embauche ; elle contribue au développement du groupe Essec, et répond aux besoins et aux attentes de la communauté Essec, à Paris, en France ou à l'international.

La Maison des Essec réunit les associations des diplômés de tous les programmes, un centre d'affaires, les clubs (agroalimentaire, immobilier, luxe... mais aussi cinéma, beaux-arts, théâtre, golf, rugby, football...), le Service orientation-carrières (Soc). Celui-ci propose de réaliser des bilans de carrière, du coaching, organise des conférences et des ateliers thématiques, des petits déjeuners d'entreprise et des entretiens personnalisés.

ADGE publie *Reflets Essec magazine* cinq fois par an, écho de la vie de l'école et des formations qu'elle dispense, et l'inévitable annuaire disponible en version papier et en version électronique (accès réservé aux adhérents).

Les cotisations annuelles varient de 80 € à 220 €, selon la promotion et la situation professionnelle (actif ou en recherche d'emploi, retraité).

→ Président : Mahamadou Sako
Maison des Essec
70, rue Cortambert
75116 Paris
Tél. : 01 56 91 20 20
essec.fr

Association des diplômés HEC

Tous les diplômés du groupe HEC sont membre de droit de l'Association des diplômés HEC. Fondée en 1883, elle regroupe les 43 000 diplômés des institutions du groupe HEC : école, MBA, mastères et doctorat.

L'association fait vivre le réseau des étudiants et des diplômés, assure le rayonnement de la « marque HEC » et soutient le développement du groupe. Elle rassemble 39 groupements professionnels répartis dans des pôles (industries et technologies, finance, conseil, marque et média, entreprendre...), 26 groupes régionaux et 63 à l'étranger, 17 clubs (bridge, polo, œonologie...).

L'Association des diplômés HEC édite la revue bimestrielle *Hommes & Commerce*, accessible en format papier et en ligne, et l'annuaire qui référence l'ensemble des diplômés classés par nom, par secteur d'activité ou géographique, par entreprise, lui aussi en format papier ou électronique.

Elle organise des rendez-vous mensuels (les Matins HEC et les Directs HEC-*Le Point* qui permettent de rencontrer des grands leaders d'opinion, chefs d'entreprise, responsables politiques, intellectuels...), trimestriels (Rencontre avec des hommes remarquables : Alexandre Adler, Albert Jacquard, Edgard Morin, David Servan-Schreiber...), et annuels : le Colloque X-HEC-Ena autour de la problématique « acteurs publics et entreprises » ; les Mercure des entrepreneurs HEC qui récompensent de jeunes créateurs ; l'élection de l'HEC de l'année, qui récompense, pour l'année écoulée, des dirigeants pour leur parcours exceptionnel, l'actualité forte de leur entreprise ou institution, et leur engagement envers la communauté HEC ; et le prix Trajectoires qui met en lumière des parcours de femmes HEC.

Le département Carrières organise des séminaires, des ateliers, des tests, des entretiens de carrière individualisés, propose des offres d'emploi (plus de 4 000 par an), et rédige des fiches Carrières publiés dans *Hommes & Commerce* (sur le coaching, l'*outplacement*, la mobilité internationale...).

Tous ces services sont offerts aux adhérents : 45 € pour les étudiants hors campus, 80 € pour les diplômés des deux dernières années, 115 € pour les diplômés des années n-3 et n-4, 150 € la cotisation normale, 250 € la cotisation de soutien, 85 € pour les retraités et 225 € pour les couples.

→ Président : Xavier Romatet
Directeur général : Laurent Allard
9, avenue Franklin-Roosevelt
75008 Paris
Tél. : 01 53 77 23 23
associationhec.com

Association des Edhec

(Edhec Business School Alumni)

L'Association des Edhec, qui date de 1947, s'engage par son action au rayonnement de l'École des hautes études commerciales du Nord, créée en 1921.

Ses objectifs :

- assurer la représentation de ses membres au sein du conseil d'administration et du bureau de l'association ;
- assurer un lien permanent entre les différentes communautés et générations d'Edhec, aux niveaux régional, national ou international ;
- encourager, par l'animation du réseau des Edhec, des échanges croisés et fructueux sur les plans personnel et professionnel ;
- contribuer au développement de l'image de l'école, à l'évolution de sa pédagogie, à sa promotion et à son financement.

Elle rassemble 80 % des quelque 22 000 diplômés de l'école auxquels elle offre un accompagnement tout au long de leur parcours professionnel. En particulier, le Student Career Center aide les étudiants à définir leur projet professionnel, et une CVthèque est ouverte aux cabinets de recrutement. L'association met en ligne des dossiers thématiques : procédures de recrutement, marché de l'emploi, fiches métier... Elle diffuse une newsletter mensuelle et donne accès à l'annuaire en ligne (papier sur demande).

Plus d'une dizaine de clubs professionnels se réunissent régulièrement pour traiter de problématiques métiers (marketing, finances, ressources humaines...) ou secteur d'activité (développement durable, conseil, achat...). Les ambassadeurs régionaux ou pays organisent également des réunions régulières pour accompagner les expatriés dans leur nouvelle vie.

Depuis 2003, l'adhésion est à vie. Incluse dans les frais de scolarité pour les jeunes en cours d'étude, elle s'élève à 950 € pour les anciens.

→ Président : Bruno de Pampelonne
Déléguée générale : Marina Robert
24, rue Gustave-Delory
59057 Roubaix cedex 01
Tél. : 03 20 15 48 21
edhecalumni.com

Association des ingénieurs diplômés de l'ESTP
(Sid-ETP)

L'Association des ingénieurs diplômés de l'École spéciale des travaux publics, du bâtiment et de l'industrie (ESTP) regroupait, lors de sa création en 1920, 125 adhérents sur les 305 ingénieurs diplômés. Quatre-vingt-dix ans plus tard, elle en rassemble 30 000.

Depuis 2006, la Sid-ETP met à la disposition de ses adhérents la Maison ETP, un lieu fédérateur permettant aux promotions de s'y retrouver, aux groupes professionnels d'y développer leurs réunions thématiques, aux représentants des groupes régionaux d'y disposer d'un bureau de passage. Cette maison est aussi un outil de valorisation de la compétence ETP ; l'association y organise des événements à haute valeur ajoutée pour l'ensemble des membres : conférences et séminaires sur des sujets d'actualité, économiques et de société autour d'invités référents et d'experts dans les domaines cités.

La Sid-ETP entend :

- défendre le titre d'ingénieur ETP et participer à la promotion du diplôme à travers le rayonnement et la qualité des ingénieurs ETP ;
- animer et développer le réseau ETP à travers les initiatives, notamment des régions, des professions ;
- proposer des services tout au long de la vie professionnelle et personnelle des ingénieurs diplômés ;
- faciliter les parcours professionnels et organiser l'entraide et la solidarité ;

- entretenir des relations amicales nouées durant les trois années d'études, en particulier à travers les rencontres par promotions ;
- entretenir des relations étroites avec les élèves ingénieurs par le biais d'actions communes qui permettent aux plus jeunes d'échanger avec les anciens ;
- informer les ingénieurs diplômés par le biais des outils de communication : un annuaire, un magazine, *L'Ingénieur-Constructeur ETP*, le site Internet, une newsletter.

Les adhérents reçoivent l'annuaire et le magazine. Ils ont la possibilité de réaliser un bilan d'orientation carrières et sont soutenus dans leur recherche de stage (pour les étudiants). Ils sont conviés à des réunions « réseau » à la Maison ETP, à des visites de chantiers, à des forums régionaux. Ils ont également un accès privilégié aux espaces de la Maison ETP pour l'organisation de réunions et événements estudiantins.

Le montant de la cotisation annuelle est de 40 € durant les trois années de scolarité, puis 50 € pendant quatre ans, 100 € pendant quatre ans encore, et enfin 170 €.

→ Président : Jean de Rodellec du Porzic
Délégué général : Jean Rouffignac
15, rue Cortambert
75016 Paris
Tél. : 01 43 54 56 03
sidetp.org

Association des maires de France (AMF)

En 1907, à l'initiative d'Émile Sarrasin, alors maire de Nantes, 48 maires de villes de plus de 40 000 habitants se réunissent à Paris; le succès de cette manifestation impose la mise en place d'un bureau permanent du Congrès des maires l'année suivante. L'Association nationale des maires de France est ouverte aux maires de toutes les communes, quelles que soient leur taille et leur sensibilité politique. Elle défend les libertés locales, apporte un appui concret et permanent aux élus dans la gestion au quotidien, un partenariat loyal mais exigeant avec l'État, pour toujours mieux préserver les intérêts des collectivités et de leurs groupements.

L'Association des maires de France est administrée par un bureau politiquement paritaire composé de 36 membres élus par l'assemblée générale pour trois ans. Le bureau est notamment composé d'un président, d'un secrétaire général, d'un premier vice-président et d'un trésorier général. Par ailleurs, les présidents de l'Association des maires de grandes villes de France, de la Fédération des maires de villes moyennes, de l'Association des élus du littoral, de l'Association nationale des élus de montagne, de l'Association des petites villes de France et de l'Association des maires ruraux de France sont membres associés du bureau. Il est assisté des avis du comité directeur, élu par l'assemblée générale, dont sont membres de droit les présidents des 101 associations départementales de maires.

L'association veille sans relâche à ce que la décentralisation garantisse aux communes une réelle autonomie de gestion des affaires locales et s'implique avec force pour que les maires disposent de moyens juridiques et financiers suffisants pour assurer leurs missions. Du fait de la diversité de ses représentants et de la qualité de ses services, l'AMF est reconnue comme une force de proposition, en capacité réelle d'entretenir un dialogue permanent avec les pouvoirs publics.

Force de proposition et de représentation, l'AMF intervient comme interlocuteur privilégié des pouvoirs publics, en amont des projets, partout où se jouent l'avenir des communes, de leurs groupements et les conditions de leur développement.

Tous les ans au mois de novembre, l'AMF organise le Congrès des maires de France qui rassemble à Paris plus de 6 000 élus.

L'AMF publie un magazine mensuel, *Maires de France*, qui propose le suivi de l'actualité nationale et législative intéressant les collectivités locales, des initiatives, des expériences et des conseils, les *Cahiers du réseau*, ouvrages pratiques destinés aux élus et à leurs collaborateurs, des guides thématiques, et un rapport annuel, bilan de ses actions. Un annuaire des services locaux (adresses des communes, numéros de téléphone et de fax, sites Web, noms des élus) est accessible à tous en ligne.

Tout maire en exercice et tout président de groupement intercommunal peut adhérer à l'AMF (depuis 2000, l'AMF a ouvert ses rangs aux Établissements publics de coopération intercommunale, EPCI). Aujourd'hui, plus de 34 000 maires et plus de 1 400 présidents d'EPCI sont adhérents.

La cotisation annuelle, votée à l'assemblée générale du Congrès des maires de France, est relative au nombre d'habitants de la commune. Elle va de 45,15 € pour les communes de moins de 200 habitants à 1,1586 € par habitant pour les communes de plus de 6 000 habitants, avec un plafond à 38 330 €. Pour les EPCI adhérents, la cotisation annuelle s'élève à 89,80 € pour celles de moins de 2 500 € habitants, et à 0,0452 € par habitant au-delà, avec un plafond à 7 940 €.

→ Président : Jacques Pélissard
41, quai d'Orsay
75343 Paris cedex 07
Tél. : 01 44 18 14 14
amf.asso.fr

Association des moyennes entreprises patrimoniales – Syndicat des entreprises à taille intermédiaire

(Asmep-ETI)

Dans les années 1980 et 1990, de nombreux chefs d'entreprise se sont vus dans l'impossibilité de transmettre leur entreprise à cause d'une fiscalité fortement alourdie. Ils ont été obligés de vendre, souvent à des groupes étrangers qui fréquemment procédaient à des licenciements importants quand ils ne fermaient pas usines et bureaux. Devant ce constat, Yvon Gattaz, ancien président du CNPF devenu le Medef, crée l'Association des moyennes entreprises patrimoniales en 1995. En 2009, Asmep devient Asmep-ETI, le syndicat des entreprises à taille intermédiaire.

Asmep-ETI a pour mission de favoriser le développement des entreprises patrimoniales et celui des entreprises de taille intermédiaire par une reconnaissance des pouvoirs publics, économiques et sociaux.

En 2008, Asmep a fait reconnaître en France la taille d'entreprises situées entre les PME et les grandes entreprises, celles aux effectifs compris entre 250 et 5 000 salariés. En 2010, Asmep-ETI a publié une plateforme de propositions pour les ETI sur les thèmes du social, du fiscal, du financement et de l'exportation.

Le syndicat mène un certain nombre de réflexions :

– la reconnaissance officielle des entreprises familiales et patrimoniales a déjà été obtenue à Bruxelles. Asmep-ETI demande que la fiscalité des entreprises patrimoniales françaises soit alignée sur celle de l'Europe, pour que la

compétitivité de nos entreprises ne soit plus pénalisée par rapport à nos voisins;
- la mise en œuvre de mesures spécifiques pour les ETI;
- une commission fiscale travaille à une fiscalité adaptée à la taille des ETI et à la structure des entreprises patrimoniales;
- une commission sociale met en évidence les avantages du dialogue humain et personnalisé, élément essentiel du succès.

Asmep-ETI a créé en 2001 le Grand Prix de l'entreprise patrimoniale et familiale pour distinguer une entreprise dont les résultats et les attitudes correspondent aux attentes des Français dans les domaines du développement durable, de la cohésion sociale, du respect des critères éthiques comme de la pérennité des entreprises et de leurs emplois. Le prix est ouvert aux entreprises dont les dirigeants sont également des actionnaires significatifs, seuls ou avec leurs associés ou les membres de leur famille, et dont le chiffre d'affaires est supérieur à 30 M €.

Asmep-ETI récompense également des étudiants (universités, écoles de commerce ou d'ingénieurs) dans le cadre du Prix universitaire sur les entreprises patrimoniales et les ETI.

Pour rejoindre les 600 membres, il faut que l'entreprise réponde aux critères ETI. Les montants des cotisations sont fonction du chiffre d'affaires.

→ Président: Yvon Gattaz
Déléguée générale: Bénédicte Michon
18, rue Boissière
75116 Paris
Tél.: 01 56 26 00 66
asmep.com / asmep-eti.fr

Association des Sciences-Po

(Alumni Sciences-Po)

C'est en 1875, trois ans après la création de l'École libre des sciences politiques, que des anciens élèves se fédèrent et créent une « société » avec l'objectif d'« établir des relations amicales, un lien de solidarité et d'aide mutuelle entre tous les anciens élèves, élèves et auditeurs de l'école et éclairer, par la discussion et le travail en commun, les questions qui rentrent dans le domaine des sciences politiques ».

Les activités de la société, les conférences, l'édition de la *Revue des sciences politiques*, d'un bulletin et de l'annuaire (qui existe depuis la création de la société), l'organisation d'excursions, etc., sont interrompues pendant les années de guerre, mais le service d'entraide confirme dans ces mêmes périodes son efficacité. À la reparution du bulletin en 1945, le constat est là : quelque 11 000 colis ont été livrés aux prisonniers, pour un montant de deux millions de francs !

C'est en 1946 que la société se transforme en association. Des sections se créent dans les régions et à l'étranger. Aujourd'hui, près de 80 entités existent (groupes professionnels et sections régionales et internationales).

Les objectifs initiaux demeurent, avec également l'ambition de « contribuer, au sein de la "Cité", à la réflexion sur les enjeux économiques, sociaux et culturels et participer à la vie collective ». L'association souhaite également contribuer au développement professionnel de ses membres et s'assure du rayonnement de Sciences-Po.

L'Association des Sciences-Po, avec 13 permanents, est une petite entreprise qui réunit aujourd'hui 8 000 adhérents et organise plus d'une centaine de manifestations chaque année.

Le montant des cotisations est variable selon les promotions, et s'échelonne de 35 € à 155 €, avec ou sans abonnement à la revue. Les cotisations sont valables un an, de date à date ; elles permettent d'accéder aux services de l'association et couvrent la livraison gratuite de l'annuaire et l'accès complet au site Internet.

→ Président : Pierre Meynard
Déléguée générale : Anne-Sophie Beauvais
26, rue Saint-Guillaume
75007 Paris
Tél. : 01 45 48 40 40
sciences-po.asso.fr

Association ESCP Europe Alumni

ESCP Europe constitue simultanément une école de management de haut niveau à l'échelle internationale et une institution européenne d'envergure. Fondée à Paris en 1819, la vocation européenne de l'école a pris naissance lorsque la chambre de commerce et d'industrie de Paris décida de créer en 1973 une école multipolaire de management en France, en Allemagne et en Grande-Bretagne, l'EAP. Il s'agissait de contribuer ambitieusement à la formation d'une culture économique européenne. S'appuyant sur ses cinq campus à Paris, Berlin, Londres, Madrid et Turin, ESCP-EAP, l'École de management pour l'Europe, est devenue ESCP Europe en 2009.

L'association rassemble 35 000 diplômés dans 150 pays à travers le monde, ce qui représente plus de 200 nationalités différentes. Elle facilite les relations entre tous les diplômés, et à travers les entreprises qui les recrutent.

Elle propose un service de coaching personnalisé aux moments critiques des carrières professionnelles de ses adhérents, organisant des conférences thématiques et diffusant plus de 6 000 offres d'emploi par an.

Magazines et newsletters relatent les activités de l'école et de l'association, en particulier les quelque 350 événements organisés par les clubs professionnels, sociaux, régionaux ou internationaux: *ESCP Europe magazine* est bimestriel (papier et en ligne), des newsletters mensuelles sont diffusées (nationale et internationale), et la « pepletter » est la newsletter du Pôle évolution professionnelle.

Les cotisations varient de 60 € à 130 € selon le cycle d'étude pour les étudiants, puis s'élèvent à 164 € par an pour les diplômés.

→ Président : Arnaud de Puyfontaine
81, avenue de la République
Tél. : 01 43 57 24 03
escpeurope.eu

Association européenne des avocats – European Association of Lawyers
(AEA-EAL)

En 2011, l'Association européenne des avocats fête ses 25 ans. Créée en 1986 pour développer les contacts entre ses membres, approfondir la conception européenne de la profession, les moyens d'en faciliter l'exercice et la formation permanente en droit communautaire, elle réunit quelque 300 avocats, sociétés ou associations d'avocats, originaires de différents pays européens.

L'AEA organise régulièrement une académie d'été de droit européen des affaires, pour permettre à ses participants de mettre à jour leurs connaissances. Elle collabore avec les institutions, en particulier avec la Commission européenne, pour apporter des solutions aux problèmes posés dans la pratique communautaire.

Elle organise enfin de nombreux séminaires et congrès au cours desquels sont abordés des sujets d'intérêt européen: « L'insolvabilité en droit européen » est le thème du congrès de 2011.

La cotisation pour une entité juridique (société, association d'avocats) est fixée à 400 € ; son paiement entraîne l'affiliation à titre individuel des avocats associés. La cotisation pour un avocat à titre individuel s'élève à 175 €. Elle inclut un abonnement à la revue *The European Legal Forum*, publiée en anglais et en allemand.

→ Présidente : Élisabeth Hoffmann (Bruxelles)
Avenue Louise, 137 / Boîte 3
B-1050 Bruxelles / Belgique
Tél. : 01 45 72 31 00 / aea-eal.eu

Association française des entreprises privées
(Afep)

Créée en 1983 par Ambroise Roux, alors patron de la Compagnie générale d'électricité, l'Association française des entreprises privées réunit aujourd'hui 90 entreprises. Le but initial était de se fédérer devant la mise en place du programme commun de la gauche.

Elle agit à Paris, à Bruxelles ou dans d'autres capitales européennes. Les adhérents se retrouvent toutes les six semaines pour un dîner. Entre-temps, des réunions de travail techniques occupent les juristes permanents de l'association : ils se penchent sur la législation française dans tous les domaines, et étendent aujourd'hui le champ de leurs travaux à l'environnement et au développement continu des relations européennes et internationales.

Très discrète, l'Afep n'en est pas moins efficace. On lui doit la réduction de l'impôt sur les sociétés, passé de 50 % à 33 % en 1993. En 2004, elle participait à la présentation de la Charte de la diversité, texte par lequel les entreprises signataires condamnent les discriminations dans le domaine de l'emploi et œuvrent en faveur de la diversité.

Pour adhérer à l'Afep, il faut représenter une entreprise française significative et acquitter une cotisation minimale de 50 000 €.

→ Président : Maurice Lévy
11, avenue Delcassé
75008 Paris
Tél. : 01 43 59 65 35

Association française des marchés financiers

(Amafi)

L'origine de l'association remonte à la réforme engagée avec la loi du 22 janvier 1988 sur les bourses de valeurs qui a substitué les sociétés de bourse, entreprises commerciales, aux officiers ministériels qu'étaient les agents de change. À cette occasion, les prérogatives de l'ancienne Chambre syndicale des agents de change ont été éclatées entre trois entités : le Conseil des bourses de valeurs (CBV) pour la réglementation et le contrôle du marché et de ses acteurs, la Société des bourses françaises (SBF) pour l'organisation du marché et l'Association française des sociétés de bourse (AFSB) pour la représentation professionnelle. En 1996, l'AFSB devient l'AFEI, avec la volonté de représenter tous les métiers des marchés financiers, elle-même rebaptisée Amafi en 2008.

L'Amafi a pour mission de contribuer à la promotion et au développement des activités de marchés financiers, ou métiers d'*investment banking*, exercés sur la place financière française. Elle représente, promeut et défend les intérêts collectifs de ses adhérents et veille à l'adaptation de leur cadre d'exercice. Elle exprime l'avis de la profession auprès des tiers, notamment des pouvoirs publics et des autorités de tutelle et contribue à l'évolution de la réglementation. Elle développe des réflexions collectives et informe ses adhérents sur toutes les questions d'intérêt commun. Enfin, elle développe une coopération et des échanges étroits avec les associations homologues sur la scène européenne et internationale.

Peuvent adhérer à l'Amafi tous les établissements qui exercent des activités de marchés financiers : établissements de crédit, entreprises d'investissement, entreprises de marché, chambres de compensation, dépositaires centraux et gestionnaires de système de règlement-livraison.

Trois niveaux d'adhésion sont possibles: le choix du statut s'effectue, sous le contrôle du conseil de l'Amafi, selon le degré d'information et d'implication souhaité dans la vie de l'association. Pour l'adhérent « correspondant », la cotisation est fixée à 5 250 € ; elle permet d'avoir accès à toute la documentation, aux conférences et aux outils de communication. Pour l'adhérent « associé », elle est fixée à 13 000 € ; elle permet d'être associé aux réflexions et aux travaux menés par l'association. Enfin, pour l'adhérent « direct », la cotisation varie selon différents critères (PNB, effectifs, chiffres d'affaires); cette adhésion ouvre également un droit de vote à l'assemblée générale et donne la possibilité d'être candidat pour le conseil d'administration.

→ Président : Philippe Tibi
13, rue Auber
75009 Paris
Tél. : 01 53 83 00 70
amafi.fr

Association France-Québec

Ouverte à tous, France-Québec est une association nationale, créée en 1968, s'appuyant en France sur un réseau d'une soixantaine d'associations régionales. Elle coordonne non seulement l'ensemble des actions et des activités qui intéressent les adhérents et les « Régionales », mais elle assure également la liaison avec tous les partenaires de la coopération franco-québécoise. Avec sa jumelle outre-Atlantique, l'Association Québec-France, qui réunit quant à elle une vingtaine de « Régionales », totalise près de 8 000 adhérents. Toutes deux animent un lien privilégié entre les deux pays.

En France, elle est dotée d'un bureau national, d'un conseil d'administration, d'un Comité de parrainage (on y retrouve Jean-Pierre Chevènement, Jean-Louis Foulquier, Michel Rocard et Catherine Trautmann) et d'un Comité des jeunes.

Le Comité des jeunes de France-Québec est constitué d'adhérents de moins de 35 ans. Il met en place et développe le rapprochement entre les jeunes des deux pays, fidélise les adhérents, développe des actions en tenant compte des attentes et des envies des jeunes selon leur tranche d'âge.

L'Association France-Québec est dotée d'une commission Enjeux de société. Celle-ci a pour objectifs des échanges et des confrontations conduisant à des pratiques professionnelles innovantes. Elle apporte son soutien à la recherche de stages dans le cadre d'un cursus de formation professionnelle, ainsi qu'à l'organisation de colloques franco-québécois et de séjours pour des jeunes en situation de handicap ou d'intégration sociale. Ainsi, en 2011, elle soutient le film *Trisomie 21, le défi Pérou* : à l'initiative de Jean-François Martin, père d'un jeune adulte trisomique et professeur en éducation spécialisée au Québec, six jeunes adultes porteurs de trisomie 21 et six éducateurs spécialisés ont réalisé un projet ambitieux : escalader la montagne mythique des Incas au Pérou, le Machu Picchu, et réaliser un projet humanitaire dans un village péruvien. Le film retrace cette aventure humaine extraordinaire. Un débat suit chaque projection.

En 1998, à l'occasion des trente ans de l'association, le Prix littéraire de l'Association France-Québec a été créé. Depuis, doté de 5 000 €, il est remis tous les ans à un ouvrage de type romanesque (roman, science-fiction, roman historique, roman noir, policier, fantastique, autobiographie, biographie romancée), écrit directement en langue française, et publié au Québec par un éditeur québécois. En 2010, le prix était parrainé par Patrick Poivre d'Arvor et c'est Michèle Plomer qui a été récompensée pour son roman *HKPQ* publié aux éditions Marchand de feuilles.

En 2011, se tiendra la quatrième édition des trophées France-Québec, concours national se déroulant tous les deux ans, qui permet à des jeunes préparant un diplôme dans la restauration d'effectuer un stage ou une formation au Québec, en développant et en mettant en pratique leur savoir-faire dans un contexte d'échange culturel entre les deux pays. L'objectif est de valoriser les produits régionaux autant que de développer les échanges professionnels des jeunes avec le Québec.

Adhérer donne droit à des réductions sur des ouvrages dédiés au Québec, des tarifs préférentiels pour les hébergements à Paris ou au Québec, ou l'abonnement au trimestriel *France-Québec magazine*, qui offre un tour d'horizon sur l'actualité québécoise, qu'il s'agisse de questions culturelles, sociales, politiques, touristiques... Chaque « Régionale » détermine elle-même le montant de ses cotisations (individuel, couple, famille, bienfaiteur, collectivité ou entreprise) et reverse à France-Québec une quote-part dont le montant est fixé lors de l'assemblée générale nationale annuelle.

→ Présidente : Marie-Agnès Castillon
24, rue Modigliani
75015 Paris
Tél. : 01 45 54 35 37
francequebec.fr

Association internationale des anciens Roséens

(AIAR)

Le Rosey est au service de l'éducation internationale depuis 1880. Demeurés profondément attachés à leur école, les anciens ont constitué l'Association internationale des anciens Roséens, et offrent régulièrement des stages ou des *first jobs* aux jeunes Roséens diplômés des universités, ou des *summer jobs* aux élèves.

Les activités de l'AIAR sont diverses : rencontres, dîners, voyages ont lieu plusieurs fois par an dans diverses parties du monde.

Au sein de l'association, l'Excellence Commitee est un groupe créé pour favoriser la préparation des jeunes Roséens au parcours d'excellence qu'exige une candidature dans les plus grandes universités du monde. Il organise des conférences de présentation des universités, propose des conseils pratiques et des entraînements aux entretiens ; il encourage directement ces jeunes gens et assume, via les anciens Roséens en lien avec ces différentes universités, d'importants contacts entre le département *counselling* du Rosey et les responsables des admissions.

Un bulletin annuel publié par le comité résume la vie de l'association. Le site Web de l'AIAR, réservé aux adhérents, ainsi que l'annuaire permettent aux membres de développer et entretenir des contacts avec des Roséens partout dans le monde.

→ Château du Rosey
1180 Rolle / Suisse
Tél. : +41 21 822 55 00
aiar.ch

Association « Les Supélec »

Supélec, c'est l'École supérieure d'électricité, grande école d'ingénieurs au cœur des sciences de l'information, de l'énergie et des systèmes. L'Association des Supélec unie les élèves et tous les diplômés de l'école. Créée en 1895 et reconnue d'utilité publique en 1924, elle est animée par des ingénieurs Supélec, selon leurs centres d'intérêt et leurs disponibilités, qu'ils soient en activité ou non.

Dans l'esprit des élèves de la première promotion de l'école, qui voulaient prolonger les relations d'amitié et de solidarité nouées au cours de leurs études, l'association s'attache à développer cette amicale et à promouvoir l'école, son enseignement et sa recherche. À l'écoute des élèves, elle leur apporte un soutien constant au cours de leur scolarité. La commission Carrière-emploi leur apporte des informations sur le choix de leur premier emploi et les accompagne ensuite tout au long de leur carrière. Sur le site Internet de l'association, un espace Carrières est réservé aux adhérents.

Supélec au féminin, groupe fondé en 2006, œuvre pour permettre aux femmes d'accéder à des postes de direction et faire connaître les carrières au féminin. Il compte plus de 1 900 diplômées, les pionnières étant issues de la promotion 1918.

L'annuaire et un courrier mensuel, adressé par mail, sont réservés aux Supélec. Mais l'audience de *Flux*, la publication de référence de l'association, dépasse le strict cadre de l'école. Selon les promotions, les cotisations s'élèvent de 44 € à 160 €, avec ou sans l'abonnement à *Flux*.

Pour accompagner l'école dans ses développements et son rayonnement, notamment à l'international, Supélec a créé la Fondation Supélec en 2003. Celle-ci a été reconnue d'utilité publique en 2009.

→ Président : Marc Rouanne
Maison des Supélec
21, avenue Gourgaud
BP 904
75829 Paris cedex 17
Tél. : 01 44 01 05 50
asso-supelec.org

Association nationale des directeurs financiers et de contrôle de gestion
(DFCG)

Participer à l'enrichissement professionnel de ses membres, par l'échange d'idées et d'expériences, dans le cadre des manifestations et des formations qu'elle organise ou de sa revue *Échanges*: tel est le premier objectif de l'Association nationale des directeurs financiers et de contrôle de gestion.

Ses autres missions sont de mettre à la disposition de chaque membre la richesse de son réseau, structuré en groupes régionaux et en groupes sectoriels pour plus de proximité; de développer des contacts avec les associations similaires à l'étranger, notamment au sein de l'International Association of Financial Executives Institutes (IAFEI); de susciter la réflexion et le travail en commun pour faire émerger des pôles d'expertise, lui permettant d'être un acteur de référence dans le débat économique; enfin, de constituer pour ses membres un espace de convivialité et un réseau d'entraide.

Créée en 1964, l'association regroupe 3 000 professionnels de tous les secteurs économiques, pour l'essentiel, directeurs financiers ou directeurs de contrôle de gestion d'entreprises privées ou publiques. Toutes les tailles d'entreprise sont représentées.

Dix-sept groupes régionaux, des groupes sectoriels (assurances, banque, services publics...), des commissions techniques (comptable, contrôle de gestion, fiscale, contrôle interne, systèmes d'information...) regroupent les membres par affinité régionale ou thématique.

La DFCG organise de nombreux événements tout au long de l'année : petits déjeuners, matinées de débats, rendez-vous juridiques et fiscaux, congrès national (Financium), salons professionnels, formations, etc., mais aussi des soirées de prestige, un trophée de golf, des repas, déjeuners ou dîners, autour de personnalités telles que Jacques Attali, Henri de Castries, Michel Pébereau, Nicolas de Tavernost ou Hubert Védrine.

Enfin, l'association édite des ouvrages de référence au sein de la collection DFCG aux Éditions d'organisation, et la revue mensuelle *Échanges*. Elle publie un annuaire et un agenda et diffuse des fiches *Point de vue*, qui synthétisent la réflexion ou l'étude d'un groupe de travail sur un aspect technique.

Les demandes d'adhésion sont validées par le bureau régional. Les cotisations annuelles s'élèvent à 480 € HT. Elles sont réduites à 163 € HT pour les personnes de moins de 35 ans, qui adhèrent alors au groupe DFCG Avenir.

→ Président : Daniel Bacqueroet
14, rue Pergolèse
CS11655
75773 Paris cedex 16
Tél. : 01 42 27 93 33
dfcg.com

Association nationale des professionnels du marketing
(Adetem)

L'Adetem a été créée en 1954 pour partager connaissances et expériences, et diffuser les techniques et l'esprit d'un marketing à la française. Ses missions sont de porter l'innovation marketing, de favoriser les échanges entre les professionnels du marketing et les autres fonctions de l'entreprise, de représenter et de promouvoir la profession et l'ensemble des métiers du marketing, tout en étant la référence sur les pratiques du marketing.

L'Adetem organise une soixantaine de réunions par an, animées par des experts. Une vingtaine de clubs se retrouvent autour de thématiques. À Paris, les clubs réunissent aussi des membres ayant un intérêt commun pour une activité : banque, finance, assurance ; habitat, immobilier et construction ; luxe ou innovation... En province (Méditerranée, Rhône-Alpes, Alsace-Lorraine, Côte d'Azur et Midi-Pyrénées), les réunions portent sur des thèmes plus transverses, même si des thèmes d'intérêt national sont abordés, les sujets sont plutôt portés sur la région, son économie, son activité.

L'association organise chaque année la Journée nationale du marketing, congrès qui rassemble plus de 400 participants. Elle participe également à des séminaires, congrès, salons comme le salon Planète PME, le grand prix *Stratégies*, la Nuit du marketing, le salon Heavent. Elle édite l'*Annuaire du marketing*; publie la *Revue française du marketing*, diffusée en France et dans 38 pays (5 numéros par an), une revue de presse, *Marketing à la une*, disponible sous forme papier ou électronique, et un *Guide Internet des sources d'information marketing*, consacré à la recherche d'informations sur le Web.

L'Adetem a signé, fin 2010, avec le Groupement français de l'industrie de l'information, la Charte éthique pour les études fondées sur l'observation de l'expression en ligne.

Pour rejoindre ses plus de 1 250 membres (la liste des entreprises représentées est disponible sur le site Internet), et participer à l'évolution et à la promotion du marketing, il faut régler une cotisation de 150 € HT pour une personne en recherche d'emploi, et 3 899 € HT pour une entreprise au chiffre d'affaires supérieur à 15 millions d'euros (l'inscription vaut alors pour 15 personnes).

→ Coprésidents : François Laurent et Jean-Michel Raicovitch
12, rue de Milan
75009 Paris
Tél. : 01 53 32 30 00
adetem.org

Association Paris Europlace

L'association Paris Europlace promeut l'attractivité de la place financière de Paris et contribue à son rayonnement européen et international. Créée en 1993, elle fédère et représente 150 établissements français et internationaux: entreprises industrielles, banques et entreprises d'investissement, sociétés de gestion, sociétés de bourse, sociétés de capital investissement, cabinets d'avocats et sociétés conseil, fédérations professionnelles.

Paris Europlace pilote les travaux et les groupes de travail du Haut Comité de place, initié en 2007, dont la mission est de formuler des propositions pour renforcer l'attractivité de la place financière de Paris. L'association est force de proposition sur les évolutions réglementaires et fiscales et stimule la recherche et l'innovation en finance. Pour formuler ses recommandations, elle s'appuie sur les travaux de groupes Projets: le comité de Droit financier de la place de Paris, le groupe Réseau « émetteurs », le groupe Post 2005, et le groupe Développement durable.

Ses travaux font l'objet de publications, sous la forme de rapports (« Le développement de l'épargne longue », « Europe 2015: de nouvelles mesures ambitieuses pour une Europe financière intégrée et compétitive »...) ou de communiqués.

L'adhésion est ouverte à toute société, cotée ou non, et institution française, européenne ou internationale. Les membres fondateurs règlent une cotisation annuelle de 36 000 € HT, les membres associés, une cotisation variant de 6 000 € HT à 25 000 € HT selon le type de structure.

→ Président du conseil d'orientation : Gérard Mestrallet
Président du comité de pilotage : Vivien Lévy-Garboua
Délégué général : Arnaud de Bresson
39-41, rue Cambon
75001 Paris
Tél. : 01 49 27 11 14
paris-europlace.net

Association pour le rayonnement de l'Opéra national de Paris

(Arop)

Organisme à but non lucratif créé en 1980, l'Association pour le rayonnement de l'Opéra national de Paris propose à ses membres des activités culturelles et un accès privilégié aux spectacles de l'Opéra national de Paris, qu'ils soient donnés au Palais Garnier ou à l'Opéra Bastille.

« The American Friends of the Paris Opera & Ballet », organisme affilié à l'Arop, a été créé en 1984 aux États-Unis pour récolter des fonds afin de permettre aux artistes américains de venir à l'Opéra national de Paris et aux artistes de l'Opéra de se produire sur les plus grandes scènes américaines.

L'Arop réunit plus de 2 700 amateurs d'art lyrique, particuliers, jeunes ou entreprises, pour lesquels elle organise des manifestations exceptionnelles et dont les bénéfices sont destinés à financer les productions de l'Opéra, les tournées, les expositions, les publications... Sauf à de rares exceptions, être membre de l'Arop donne accès à un vestiaire réservé et à un salon privé, et à toutes les représentations d'opéra ou de ballet.

Les membres de l'Arop reçoivent les programmes de la saison en avant-première, peuvent assister à des conférences thématiques ou d'avant-spectacle, et même à des séances de travail et répétitions de spectacles. Ils sont conviés à des rencontres avec les artistes des productions de l'Opéra, à des galas, à des réceptions données en particulier à l'occasion de la remise de prix lyriques et chorégraphiques.

Cinq formules d'adhésion annuelle (de date à date) existent pour les particuliers, depuis le Club junior (pour les moins de 30 ans) jusqu'au mécénat. Les montants varient de 20 € (étudiant) à 400 € (mécène), auxquels il est suggéré d'ajouter un don (éligible à une réduction d'impôt).

Les contributions des entreprises permettent à l'Opéra national de Paris de réaliser certains projets : le projet « handicap » (don libre), la numérisation des archives audiovisuelles de l'Opéra national de Paris (don libre), ou le Cercle des fondateurs de l'atelier lyrique de l'Opéra national de Paris (don à partir de 100 € pour les membres donateurs, à partir de 2 000 € pour les membres fondateurs).

→ Président : Jean-Louis Beffa
Directeur : Jean-Yves Kaced
8, rue Scribe
75009 Paris
Tél. : 01 58 18 35 35
arop-opera.com

Association progrès du management

(APM)

L'Association progrès du management a été fondée en 1987 par Pierre Bellon, président du conseil d'administration de Sodexo. Sa vocation est de conduire, à travers le réseau des adhérents et des experts de l'association, une recherche commune sur un management adapté à l'environnement mondial, économique et social, et ce dans les grands domaines de responsabilité du dirigeant. Il s'agit également d'accroître la compétitivité des entreprises, les transformer continuellement et dans un environnement changeant, aider en permanence leurs dirigeants à se perfectionner afin de développer leurs capacités managériales par la confrontation de leurs expériences et les apports d'experts.

Organisée en clubs réunissant une vingtaine de membres chacun – il en existe 260 en France, mais aussi en Belgique et au Luxembourg –, l'association propose plus de 2 500 réunions par an aux chefs d'entreprise adhérents qui choisissent les thématiques de leurs réflexions. Les réunions mensuelles durent environ six heures.

À la fois personnels et collectifs, les débats sont d'abord alimentés par un expert qui apporte un regard théorique et pratique sur le thème retenu. Des échanges d'expériences et de points de vue viennent ensuite enrichir et alimenter la réflexion de chacun.

Adhérer à l'APM, c'est partager les valeurs de l'association : l'ouverture à son environnement et au monde ; le respect des autres et la confiance mutuelle ; le courage ; la compétence et l'humilité ; et, enfin, la volonté de gagner.

Plusieurs fois par an, à l'occasion des Mardis des experts, les spécialistes de l'APM sont invités à échanger et faire ainsi progresser leur réflexion autour de thèmes transversaux. L'APM a également mis en place des rendez-vous itinérants permettant aux dirigeants, membres de l'APM ou non, de se rencontrer autour du point de vue d'un expert et de deux témoignages d'expériences d'adhérents à l'association. Ce sont les Matinales de l'APM, qui peuvent être suivies en direct sur Internet; les internautes peuvent poser leurs questions en ligne.

Pour adhérer à l'APM, il faut être le « numéro 1 » de son entreprise, partager les valeurs de l'association et s'engager à participer aux rencontres; enfin, soit être coopté dans un club existant, soit créer un club. L'adhésion, en France, s'élève à 3 000 € HT.

→ Président : Xavier Ouvrard
120-122, rue Réaumur
75002 Paris
Tél. 01 53 00 13 50
apm.fr

Association sportive du cercle du bois de Boulogne

(Le Tir aux pigeons - ASCBB)

La première installation de tir dans le bois de Boulogne date de 1852, mais l'Association du cercle du bois de Boulogne, ou Tir aux pigeons, n'a été créée qu'en 1899. Au début du XXe siècle, c'est le premier club de tir en France et l'un des premiers d'Europe, comptant parmi ses membres le baron Pierre de Coubertin et accueillant lors de l'Exposition universelle de 1900, comme au cours des années suivantes, des concours internationaux prestigieux.

Entre les deux guerres, le Cercle du bois de Boulogne développe ses activités sportives, et le tennis prend son essor en parallèle avec la création du tournoi de Roland-Garros. Après la Seconde Guerre mondiale, le club poursuit une politique ambitieuse d'investissement au service du sport de haut niveau. La qualité de ses installations est reconnue: le club a accueilli pour l'entraînement et la qualification de Roland-Garros des champions tels Borg, McEnroe, Evert, Graf, Sampras, Wilander, les sœurs Williams...

Les trois maîtres mots du club sont centenaire, familial et sportif. Et même si, depuis 2007, on ne pratique plus du tout le tir aux pigeons, le club développe toujours le côté sportif. Une école de tennis accueille plus de 600 enfants chaque année (c'est le troisième club français en nombre de licenciés de tennis), et la création d'un espace de fitness et de musculation est à l'étude.

Les installations du club comportent vingt et un court de tennis au revêtement différent, trois murs d'entraînement et trois mini-courts en dur. Des terrains de jeux extérieurs, des cours de gymnastique, et, depuis 1971, une piscine de 25 m, complètent l'offre sportive proposée aux adhérents. Le pavillon principal abrite l'administration du club, la Ligue de tennis et un restaurant.

Aujourd'hui, le Tir aux pigeons compte environ 2 300 familles adhérentes, représentant 6 500 personnes. Le nombre de candidatures à retenir pour l'année suivante est décidé chaque année par le comité de direction. Les candidatures sont validées par le comité d'admission sur lettre de motivation sportive. Priorité est donnée aux familles, les « enfants » devenant « nouveaux membres » à partir de 25 ans. Un droit d'entrée familial de 9 600 € est demandé. Ensuite, le montant des cotisations varie en fonction du nombre de personnes concernées et des activités pratiquées.

→ Président : François Bayard
Directeur : Patrick Grillot
Route de l'Étoile
75116 Paris
Tél. : 01 40 67 96 00
letir.fr

Automobile club de France
(ACF)

Sous l'enseigne Automobile club de France, créée en 1895 par le marquis de Dion, le baron de Zuylen et Paul Maylan, les salons des hôtels Pastoret et Moreau réunis, place de la Concorde, abritent à la fois un cercle privé et une institution vouée à l'encouragement de l'automobile.

Premier club automobile au monde, l'ACF a été à l'initiative de la première course automobile au monde, le rallye Paris-Bordeaux-Paris en 1895, du premier salon de l'automobile (1898), de la création de la Fédération internationale des automobiles clubs, du premier grand prix automobile sur circuit, de la première élaboration d'un code de la route en 1905 et de la création de Mondial Assistance en 1974 (le groupe est aujourd'hui présent dans 28 pays).

En parallèle de ces activités institutionnelles, les plus de 11 000 m^2 de salons de l'Automobile club de France accueillent les adhérents d'un cercle privé. Un ensemble qui comprend, outre une bibliothèque de plus de 46 000 ouvrages, des salons de réception, des installations sportives, avec une piscine de 25 m conçue par Gustave Eiffel, une table de qualité et une cave bien fournie. Le cercle propose une activité culturelle variée à ses 2 030 membres : conférences, concerts, représentations théâtrales.

Pour rejoindre les adhérents du cercle de l'Automobile club de France, uniquement masculins même si les veuves et les épouses des membres peuvent obtenir une carte d'invitée depuis peu, il faut être parrainé par deux membres actifs. Après acceptation de la candidature par la commission d'admission, il faut ensuite acquitter un droit d'entrée de 3 500 € et une cotisation annuelle de 1 850 €.

→ Président : Hugues du Rouret
6-8, place de la Concorde
75008 Paris
Tél. : 01 43 12 43 12
automobileclubdefrance.fr

Biarritz olympique Pays basque (BOPB)

La section rugby du Biarritz Stade est créée en 1902. L'amicale sportive fait l'acquisition du stade d'Aguiléra, alors propriété d'un club de tir aux pigeons, l'année suivante. Et c'est en 1909 que le stade accueillera un premier match international, face aux Gallois de Cardiff. En 2008, après avoir soutenu le professionnalisme dans le rugby français, Serge Blanco a repris les rênes du club.

Plus de 450 entreprises sont partenaires du BOPB. Le temps d'une saison, elles ont accès à des matchs du Top14 Orange, de la H-Cup Coupe d'Europe, où elles peuvent recevoir leurs invités. Elles ont également accès à des manifestations exclusives: petits déjeuners d'entreprise, dîners thématiques, BOPB BMW Golf Cup, initiation au surf. Les options de partenariat débutent à 1 400 € HT (pour un siège en tribune centrale) et atteignent 12 500 € HT pour un parrainage de match.

En 2010, le club a ouvert ses portes à ses supporters, individuels ou entreprises, en leur proposant de devenir actionnaires (ils étaient plus de 500 dès le premier mois). La carte Socio BO donne accès à des offres privilégiées (présentation de l'équipe en début de saison, priorité à l'achat de places pour les matchs événements, soirée avec les joueurs...). En fonction des différentes options proposées, les cartes valent de 50 € à 4 200 €.

→ Président du club: Serge Blanco
Parc des sports Aguiléra
Rue Cino-del-duca / 64200 Biarritz
Tél.: 05 59 01 64 64
bo-pb.com

Bulle (La)

C'est un petit groupe de connaissances professionnelles, issues tant du secteur public que du secteur privé, qui se rencontraient régulièrement pour échanger sur les activités des uns et des autres et s'entraider sur leurs dossiers. Petit à petit, ils se sont liés d'amitié et ont pris conscience que les liens qu'ils tissaient rendaient leur collaboration efficace et percutante. Progressivement, un système d'entraide basé sur l'estime s'est développé, sans jamais déroger à l'état d'esprit initial : découverte, entraide, bonne humeur et influence ; la Bulle est née en 2001.

Ce cercle, bulle de décompression et de détente pour managers et collaborateurs d'élus, se distingue par la simplicité et l'humilité de ses membres, malgré, souvent, de grandes responsabilités professionnelles. Ministres, parlementaires, membres de cabinet, énarques, hauts fonctionnaires, cadres supérieurs du secteur privé, banquiers, avocats d'affaires et chefs d'entreprise sont nombreux parmi les 360 membres qui composent aujourd'hui ce cercle influent : ce sont eux qui rédigent les dossiers et conseillent les décideurs. La parité est là, à double titre : autant de femmes que d'hommes ; autant de représentants du secteur public que du secteur privé.

La Bulle a mis en place des groupes de travail sectoriels, et un *job center* exclusivement réservé à ses membres.

La Bulle organise une dizaine de manifestations par an, autour d'un invité ou d'un thème lié à l'actualité. La plupart sont réservées à ses adhérents, et elles sont parfois ouvertes aux plus de 300 sympathisants qui la soutiennent. La Bulle diffuse un annuaire auprès de ses adhérents et dispose d'un site Internet.

Pour rejoindre les « Bulliens », il faut motiver sa demande auprès du président ou du secrétaire général. Après un entretien, celle-ci sera validée ou non. La cotisation annuelle est de 40 €.

→ Secrétaire général : Gaëtan Chauderlot
labullesurlenet.com

Centre d'étude et de prospective stratégique
(Ceps)

Le Centre d'étude et de prospective stratégique est un centre de réflexion indépendant et pluridisciplinaire fondé en 1985, avec l'objectif de cerner, d'analyser et de mettre en perspective les facteurs d'évolution du monde contemporain, qu'ils soient technologiques, économiques ou financiers.

Le Ceps est avant tout une communauté de talents en réseau. Ses membres – 630 décideurs – sont issus de tous horizons et représentent près de 40 nationalités. Cette diversité de profils et de parcours permet au Ceps d'envisager les grands enjeux du monde contemporain par une réflexion riche de sens et de porter la voix de la société civile.

Le conseil international et les dix délégations internationales assurent le rayonnement international du Ceps et lui permettent d'aborder les enjeux mondiaux avec une grande diversité de points de vue.

Le Ceps se situe à l'intersection de plusieurs univers (monde politique, cabinets de conseil, monde industriel, centres de recherche universitaires, forums sociaux...) et participe au débat public par ses publications (livres, rapports, enquêtes et revues), ainsi que par les réflexions qu'il anime au travers de ses 19 clubs (défense, énergie, environnement, espace, télécom...).

Un comité des causes est en charge de l'action caritative du Ceps. Il sélectionne les projets humanitaires que l'organisation soutient et en assure le suivi. Le centre encourage également l'univers de l'art comme moyen d'expression.

Tous les membres du Ceps font l'objet d'une cooptation.

→ Délégué général : Loïc Tribot la Spière
1, rue de Villersexel
75007 Paris
Tél. : 01 53 63 13 63
ceps.asso.fr

Centre des jeunes dirigeants d'entreprise
(CJD)

Mouvement patronal né en 1938, le Centre des jeunes dirigeants d'entreprise rassemble plus de 3 500 jeunes chefs d'entreprise et cadres dirigeants, représentatifs du tissu économique et qui défendent l'idée d'un libéralisme responsable. C'est aussi un lieu où ils viennent rompre l'isolement, se former et progresser. Depuis sa création, 40 000 chefs d'entreprise en ont été adhérents.

Au CJD, un jeune dirigeant est un chef d'entreprise ou un cadre dirigeant qui dispose d'une autonomie en matière de management et de gestion, et d'une marge de manœuvre suffisante pour pouvoir conduire le changement, innover et faire progresser son entreprise. La limite d'âge est de 45 ans pour prendre des fonctions électives au sein du mouvement.

L'ambition du CJD est de promouvoir des idées nouvelles pour rendre l'entreprise à la fois plus compétitive et plus humaine, et accompagner dans sa mission tout jeune dirigeant soucieux d'améliorer sa performance et celle de son entreprise. Le « jeune dirigeant » rejoint le CJD pour défendre des valeurs (et non des intérêts catégoriels), se former à son métier de dirigeant-entrepreneur, prendre du recul, rompre son isolement, partager avec ses pairs des préoccupations semblables en toute confidentialité et profiter de toute la richesse d'un réseau convivial.

Présent sur tout le territoire français à travers plus d'une centaine d'implantations locales, le CJD est représentatif des entreprises françaises, en termes de secteurs d'activités et de taille. Le CJD a également créé des antennes en Tunisie (1998), au Maroc (2001), au Québec (2007), en République tchèque (2008), en Algérie (2008), au Bénin (2009) et en Mauritanie (2010). Il dispose aussi de représentants dans une dizaine d'autres pays.

L'adhésion se fait après une rencontre avec le responsable d'une section locale. La cotisation s'élève à 1 680 €, réduite à 840 € pour les créateurs d'une entreprise depuis moins de deux ans.

→ Président : Michel Meunier
19, avenue George-V
75008 Paris
Tél. : 01 53 23 92 50
cjd.net

Cercle (Le)

(Association de dirigeants lyonnais pour la création d'un réseau d'affaires)

Association économique indépendante créée en 1993, Le Cercle regroupe des hommes, d'une moyenne d'âge de 40 ans, chefs d'entreprise et dirigeants de Lyon et de sa région. Son objectif est de développer un réseau d'entraide pour réaliser des projets tant personnels que professionnels. Le Cercle propose à ses membres d'échanger autour d'activités et d'événements liés à la vie de la cité lyonnaise et à son développement.

Quatre commissions organisent une fois par mois des rencontres avec des intervenants extérieurs : économie, culture, politique ou relations humaines et éthiques sont alors mises en avant. Ainsi, Jacques Rigaud, président de l'Admical, Stéphane Treppoz, P-DG d'AOL France (devenu depuis P-DG de sarenza.com), Gérard Collomb, sénateur-maire de Lyon, aussi bien que Bernard de La Villardière, journaliste, sont intervenus.

En bientôt vingt ans, Le Cercle a reçu plus d'une centaine de personnalités. Mais il a aussi organisé des manifestations privilégiées pour ses membres : visite des locaux d'Euronews, visite privée de chantiers telles la gare TVG de l'aéroport Lyon-Saint-Exupéry ou la Cité internationale de Lyon.

Tout postulant doit d'abord assister à au moins trois manifestations en tant qu'invité, et être parrainé, s'engageant à respecter les valeurs fondamentales du Cercle. La candidature est examinée par le comité de sélection, puis le conseil d'administration qui la valide ou non. Le candidat « heureux » se présentera aux autres membres lors d'une séance d'intronisation. La cotisation annuelle, incluant cinq dîners, s'élève à 500 €.

→ Président : Ronan de Dieuleveult
BP 6016
69411 Lyon cedex 06
lecercle.asso.fr

Cercle d'Oc (Le)

Une ferme datant de 1530 – elle appartenait alors à Jean Ferrié – héberge depuis 1993 le Cercle d'Oc, créé par une poignée d'entrepreneurs dynamiques qui partageaient pour Toulouse et sa région une ambition commune.

Le Cercle d'Oc s'est donné plusieurs missions. D'abord, rassembler dans un même cercle entrepreneurs et responsables qui œuvrent pour le développement économique et social de Toulouse Midi-Pyrénées, et qui partagent les mêmes ambitions pour le rayonnement européen de leur région. Également favoriser la cohésion des divers secteurs d'activité représentés par ses membres.

Ensuite, mettre à la disposition de ses membres un cadre qui leur offre les ressources morales, amicales et matérielles pour entrer en relation, et accueillir les personnalités étrangères de passage et les mettre en contact avec les milieux qu'il leur importe de connaître.

Enfin, développer toute action économique, sociale, culturelle ou sportive, susceptible de renforcer son objet.

Le cercle réunit ses soixante membres à l'occasion de petits déjeuners et de dîners-débats mensuels. Carte blanche est donnée à l'un des membres pour animer les petits déjeuners, exclusivement réservés aux adhérents. Les dîners permettent de débattre sur des thèmes retenus par le conseil d'administration (économique, social, culturel...) avec des personnalités invitées, reconnues au niveau local ou national : Fabrice Bregier, directeur général d'Airbus, Martin Malvy, président du conseil régional Midi-Pyrénées, Bruno Fortier, architecte (« Comment aménager une ville durablement ? »), Jean Tirole, économiste.

Le cercle décerne chaque année le prix du Cercle d'Oc à une personnalité qui s'est illustrée dans la défense des objectifs qu'il poursuit. Claudie Haigneré, Pierre Fabre, Alain-Dominique Perrin ou encore Noël Forgeard sont parmi les récipiendaires.

Le Cercle d'Oc dispose d'un restaurant, le « QG » de ses membres, mais ouvert à tous.

Les candidats à rejoindre le cercle voient leur demande étudiée par le conseil d'administration. Les admissibles sont conviés à un déjeuner de cooptation en présence d'au moins deux administrateurs, ensuite l'intégration est soumise au vote du conseil d'administration, qui doit être unanime. Tout au long de ce processus, le cercle s'attache aux qualités personnelles des candidats.

Le droit d'entrée s'élève à 1 000 €, et la cotisation annuelle à 1 525 €.

→ Président : Alain Di Crescenzo
Ferme Ferrié
6, place Marcel-Dassault
31700 Blagnac
Tél. : 05 62 74 11 84
lecercledoc.com

Cercle de l'Étrier

(Étrier de Paris)

C'est à la fin du XIXe siècle, en 1895, alors que le cheval jouait un grand rôle dans la vie militaire, mondaine et économique, qu'a été fondée la Société équestre de l'Étrier avec comme premier président le comte de Cossé-Brissac.

L'Étrier de Paris dispose d'une des plus importantes et prestigieuses écuries de propriétaires de la région parisienne. Cette écurie comprend 75 boxes répartis entre 6 cours ayant chacun un soigneur attitré.

Les propriétaires ont accès à l'ensemble des installations de l'Étrier à toute heure du jour ou de la nuit : carrière Toubin-Clément de 100 × 60 m, manège olympique et deux ronds de longe. Les propriétaires bénéficient également d'un accès direct aux pistes cavalières du bois de Boulogne, à la piste de galop de Bagatelle et au *spring garden* situé à son extrémité.

Les installations du Cercle de l'Étrier sont divisées en deux lieux. L'Étrier Dauphine regroupe un manège de 30 × 18 m, une tribune pour assister aux cours, les écuries et une petite carrière, un grand club-house et des vestiaires. La cavalerie est constituée de 20 chevaux adaptés à l'enseignement. Il abrite également une école d'équitation, de l'initiation à la compétition.

L'École d'équitation de Madrid est réservée aux cavaliers à partir du Galop 4 acquis, désireux de se perfectionner en dressage et à l'obstacle. Elle bénéficie de l'ensemble des installations de l'Étrier Madrid : une grande carrière Toubin-Clément de 100 × 60 m et un manège olympique de 62 × 42 m, rénovés en 2010, ainsi que le club-house. La cavalerie est constituée de 10 chevaux dressés pour le travail sur le plat comme à l'obstacle, et sortant tous en compétition amateur de saut d'obstacles.

Chaque année depuis 1932, l'Étrier organise le concours du Cossé-Brissac, créé en l'honneur de son fondateur. Ces trois journées de concours, dont certaines épreuves sont ouvertes aux amateurs, sont un rendez-vous incontournable des cavaliers de saut d'obstacles. En 2010, l'Étrier a reversé une partie des recettes à l'association Mécénat chirurgie cardiaque.

Le restaurant et le bar du club-house sont réservés aux membres et à leurs invités. Pour être membre de l'Étrier, il faut régler un droit d'entrée de 185 € ou 225 €, selon l'année de naissance, puis une cotisation annuelle, également de 185 € ou 225 €, selon l'année de naissance. Pour les enfants suivant des cours au poney-club, les montants du droit d'entrée et de la cotisation annuelle sont chacun de 115 €.

→ Présidente : Cécile Laurent
Étrier Madrid
Route des Lacs-à-Madrid
Bois de Boulogne
75116 Paris
Tél. : 01 45 01 20 02

Étrier Dauphine
Place du Maréchal-de-Lattre-de-Tassigny
75116 Paris
etrierdeparis.com

Cercle de l'Ill

Le Cercle de l'Ill réunit toutes les personnalités qui apportent une contribution significative à la vie du grand espace géographique du Rhin supérieur. Venus de France, d'Allemagne et de Suisse, de Karlsruhe à Bâle et de Wissembourg à Belfort, ces hommes et ces femmes se rencontrent pour tisser les liens qui permettent de susciter et d'entretenir les petites et grandes initiatives qui font la vie sociale dans tous ses domaines : politique, culturel, social, économique, spirituel. Le Cercle veut s'inscrire dans les grandes réalisations régionales, tout en conservant sa pleine indépendance et son caractère totalement privé.

Par la volonté de ses 600 membres, constamment renouvelés pour accueillir les nouveaux talents, le Cercle de l'Ill a relevé le défi de rencontres individuelles plurinationales qui rapprochent dirigeants d'entreprise, élus du monde politique, universitaires, magistrats, chercheurs, créateurs culturels, responsables d'Églises, hauts fonctionnaires, diplomates... Depuis sa création en 1991, le protocole du Cercle demeure immuable : apéritif à 19 h 30, dîner à 20 h 10, départ à 22 heures. Il n'y a pas de prise de parole, pas de présence obligatoire. Les échanges entre membres se font dans la langue maternelle de chacun, le français, l'allemand ou l'anglais. Chaque participant au dîner reçoit une liste des convives assis à sa table et un annuaire des membres présents. Le plan de table change à chaque réception.

Des rendez-vous exceptionnels ont eu lieu au Cercle de l'Ill : en 2000, le chancelier Helmut Kohl a présidé la soirée des dix ans du Cercle à l'occasion d'un dîner au Parlement européen sur le thème de l'Europe ; en 2006, c'est Valéry Giscard d'Estaing qui a présidé le dîner du quinzième anniversaire, sur le thème de l'Union européenne. En 2008, Jean-Claude

Trichet, président de la Banque centrale européenne, s'adressa aux membres sur les missions de la BCE. En 2009, un dîner dont le thème était « La région métropolitaine du Rhin supérieur » a réuni six intervenants du monde de la politique, de l'économie et de la science pour débattre du sujet devant 250 membres réunis à Baden-Baden.

Le Cercle de l'Ill souhaite soutenir, en tant que partenaire, le projet de création d'un espace métropolitain du Rhin supérieur.

Pour adhérer, il convient d'être parrainé par deux membres du conseil d'administration. Les candidatures sont soumises au vote à bulletin secret ; elles doivent recevoir la majorité des votes parmi les membres présents. Ensuite, un droit d'entrée de 100 € est demandé et la cotisation annuelle est de 100 €.

→ Président : Thomas Zahn
31, rue Jean-Wenger-Valentin
67958 Strasbourg cedex 9
Tél. : 03 88 37 62 05
cercle-de-lill.org

Cercle de l'union interalliée

Le Cercle de l'union interalliée est fondé en 1917 au moment où les États-Unis entrent en guerre. Le comte Marc de Beaumont, le comte Jacques de Bryas, Paul Dupuy, Arthur Meyer et Jarousse de Sillac souhaitent proposer un lieu d'accueil offrant des ressources morales et matérielles aux officiers et aux personnalités des nations de l'Entente. Ils installent leur association dans l'hôtel Henri de Rothschild mis à leur disposition. C'est l'une des plus belles demeures de Paris située 33, rue du Faubourg-Saint-Honoré. L'association en devient propriétaire en 1920. La même année, le maréchal Foch est le premier président du Cercle. Lui succèdent, entre autres, Gaston Doumergue, le prince Jean-Louis de Faucigny-Lucinge ou Pierre-Christian Taittinger.

L'hôtel particulier resté le siège du cercle, comprend notamment une cour d'honneur, des salons de réception, des salles de lecture et de jeu, une bibliothèque de 15 000 ouvrages, une salle de billard, des salons privés et un parc aux arbres centenaires.

Fin 2010, un vaste programme de rénovation de l'ensemble sportif s'est achevé. Les installations sont ainsi flambant neuves : piscine, salle de cours collectifs, courts de squash, hammams, salle de massage, salle de sport, matériel sportif et même restaurant.

Le cercle édite une fois par trimestre une brochure présentant les rendez-vous des trois mois à venir. Ainsi, début 2011, étaient proposés à l'agenda : une visite des cuisines du Cercle, un concert, une soirée au théâtre, des conférences sur des sujets aussi divers que « L'Apocalypse de saint-Jean », « La création à la manufacture de Sèvres » ou « Le cardinal Jean-Marie Lustiger ». Le Cercle diffuse également un annuaire à ses membres.

On compte aujourd'hui plus de 3 300 membres du Cercle. Parmi eux, des dirigeants d'entreprise, des figures politiques, des diplomates, des avocats ou des magistrats. De nombreuses personnalités y sont aperçues : Pierre Assouline, Stéphane Bern, Augustin de Romanet, Valéry Giscard d'Estaing...

Pour faire partie du Cercle de l'union interalliée, il faut être coopté par deux parrains membres depuis plus de trois ans. Les parrains doivent être des femmes pour celles qui sont désireuses de rejoindre le cercle. Il faut ensuite passer un entretien avec un membre du comité d'admission avant que le dossier ne soit affiché pendant huit jours à la vue de tous les membres, ceux-ci pouvant émettre d'éventuelles réserves sur les admissions.

Les droits d'admission sont de 4 300 €, la cotisation annuelle s'élève à 1 480 €, auxquels il faut ajouter 860 € de droit d'entrée et 1 280 € de cotisation annuelle pour accéder à l'ensemble sportif.

Des relations privilégiées sont nouées avec plus de 110 clubs affiliés dans le monde.

→ Président : comte Denis de Kergorlay
33, rue du Faubourg-Saint-Honoré
75008 Paris
Tél. : 01 42 65 96 00
cercle-interallie.fr

Cercle de la mer

En 1971, des personnalités civiles et militaires du monde de la mer décident de fonder le Cercle de la mer. Celui-ci débute ses activités rive droite, sur la péniche *Ile-de-France*. Il regroupe la marine nationale, la marine de commerce, la marine de pêche, la marine de plaisance et la marine fluviale. En 1977, après une convention d'amarrage avec le Port autonome de Paris, il s'installe définitivement sur la rive gauche de la Seine, au pied de la tour Eiffel. Fin 2012, il devrait être doté d'une nouvelle péniche, d'une plus grande capacité d'accueil, et disposant en particulier, entre autres équipements, d'un amphithéâtre de 150 places.

Le Cercle de la mer se veut un lieu d'échange pour tous les acteurs du monde maritime français et étranger. Il met à la disposition de ses membres un restaurant et une table d'hôtes. Il organise des petits déjeuners, des déjeuners ou des dîners-débats autour d'une personnalité ; des visites, des conférences, des expositions, souvent à connotation maritime mais pas nécessairement ; des voyages.

Il accueille en particulier les petits déjeuners organisés par la commission Économie et Défense de l'Association des auditeurs de l'IHEDN, qui ont reçu, par exemple, Laurence Parisot, Nathalie Kosciusko-Morizet ou encore Christophe de Margerie. Une *e-letter*, *Le Journal de bord*, rend compte de l'ensemble de ces activités aux adhérents.

Depuis 1983, le prix du Cercle de la mer est décerné tous les ans à deux ouvrages se rapportant à la mer ou au monde maritime : un livre de littérature générale, roman, document, essai, biographie ou document historique, et un album illustré (de photos, de cartes...). En 2010, c'est Jacques Perrin qui a remis ces prix à Bruno d'Halluin pour son roman *Jón l'Islandais* et à une équipe menée par Éric Rieth pour *Tous les bateaux du monde.*

Pour rejoindre le Cercle de la mer, il faut être parrainé par deux personnes, membres depuis au moins deux ans, et que la demande d'adhésion soit agréée par le président ou le vice-président du cercle. Ensuite, il faut acquitter une cotisation annuelle de 472 € (2011) pour les Franciliens, réduite de 50 % pour les personnes résidant plus loin, que ce soit en France métropolitaine ou par-delà les mers.

→ Président : Contre-amiral (2s) Jacques Bridelance
Port de Suffren
75007 Paris
Tél. : 01 45 56 19 35
cercledelamer.com

Cercle de la voile de Paris
(CVP)

Depuis sa création en 1858, le Cercle de la voile de Paris a toujours marqué le monde de la voile, tant par ses initiatives en matière de règles de courses et de jauge que par les palmarès de ses adhérents.

C'est à l'initiative du CVP qu'ont été créés la One Ton Cup et le championnat du monde course au large; c'est le CVP qui lança le 2e défi français pour l'America's Cup avec France 1 auprès du New York Yacht Club. À chaque championnat de France, d'Europe et du monde, de même qu'aux jeux Olympiques, le CVP fournit son contingent de médaillés: Buffet-Nottet et Poulain-Groudou en 505, Verneuil en Finn, Draeger-Gravier en Flying Dutchman, Choudrye et de Bokay en Star, parmi beaucoup d'autres.

Le renouveau démographique, le rajeunissement des équipages, le développement de séries homogènes et dynamiques, la spécialisation relative de Meulan sur le créneau des quillards monotypes de compétition, le dévouement des animateurs de flottes et des dirigeants du Cercle, mais aussi un cadre de loisir agréable, autant d'éléments favorables qui permettent au Cercle de la voile de Paris d'envisager son avenir avec sérénité.

Le CVP dispose d'infrastructures pour recevoir ses membres: un club-house, des hébergements, un restaurant, une grue pour la mise à l'eau et un atelier pour les réparations.

→ Président : Philippe Gontier
30, quai Albert-Glandaz
78130 Les Mureaux
Tél. : 01 34 74 04 80 / regates-cvp.fr

Cercle des économistes (Le)

Le Cercle des économistes a pour objectif de regrouper des universitaires ayant occupé ou occupant des fonctions privées ou publiques afin d'organiser un débat économique. Ils sont aujourd'hui au nombre de trente.

Il souhaite organiser un débat économique, pour que les confrontations entre économistes aient la même densité et la même qualité qu'ailleurs. Le débat a débuté et se poursuit avec :

- une chronique quotidienne sur Radio Classique (elles font l'objet d'une publication aux éditions Descartes) ;
- l'organisation d'un grand séminaire annuel public sur la finance mondiale, en partenariat avec Euronext ;
- les Rencontres économiques d'Aix-en-Provence qui réunissent chaque année chefs d'entreprise, personnalités politiques et économistes ;
- la publication des *Cahiers du Cercle*, 4 ou 5 fois par an, qui rendent compte des travaux et débats du cercle (déflation, gouvernance d'entreprise, EuroMéditerranée, université-recherche, économie de la santé...) ;
- la publication tous les jeudis d'une chronique dans le quotidien *Les Échos* sur un fait d'actualité et signée par l'un des trente membres du Cercle ;
- la remise, chaque année depuis 2000, du prix du Meilleur jeune économiste, en partenariat avec *Le Monde économie*.

→ Président : Jean-Hervé Lorenzi
104, rue du Faubourg-Saint-Honoré
75008 Paris
lecercledeseconomistes.asso.fr

Cercle des nageurs de Marseille (Le)

(CNM)

Le Cercle des nageurs de Marseille a été créé en 1921 sous l'impulsion de Fernand David, nageur marseillais qui, à son retour des jeux Olympiques d'Anvers, a décidé d'entraîner quelques passionnés. Dès l'origine, les disciplines proposées sont la natation et le water-polo, mais aussi le plongeon et le sauvetage. Si ces deux dernières activités ont disparu, c'est au sauvetage que l'on doit le traditionnel bain du Nouvel An: il s'agissait de démontrer sa capacité à se mettre à l'eau toute l'année pour sauver son prochain.

En 1932, un bassin d'eau de mer est inauguré, avant un premier bassin d'eau douce en 1950, et le club-house, sur la pointe du Portugal en 1952. En 1967, le cercle prend l'allure qu'on lui connaît encore avec la construction d'un bassin olympique et de cabines. Pour ses 80 ans en 2011, il se refait une beauté et s'offre un nouveau toit.

Les installations sportives à la disposition des membres du club sont composées de trois bassins de natation (l'un olympique de 50 m couvert, un autre de 25 m couvert, et le dernier de 25 m extérieur d'eau de mer), une salle de musculation, une plage et un terrain de beach-volley, un sauna, un restaurant.

Le CNM tente de porter les valeurs de l'olympisme et de la vertu sportive au firmament. En water-polo, il a été 31 fois champion de France, et c'est le club européen à compter le plus de participations en Coupe d'Europe (39 en 43 ans).

Pour rejoindre les 4 000 adhérents, parmi lesquels médecins, avocats, entrepreneurs, les candidats à l'admission du

Cercle des nageurs de Marseille doivent présenter deux parrains membres depuis au moins cinq ans et une lettre de moralité. C'est le conseil d'administration qui statue sur les demandes. Un droit d'entrée est ensuite requis (1 600 € pour un adulte), et une cotisation annuelle (année civile) est due, s'élevant de 380 € à 1 250 € selon l'âge et l'ancienneté des membres.

→ Président : Paul Leccia
Extrémité boulevard Charles-Livon
13007 Marseille
Tél. : 04 96 11 55 55
cnmarseille.com

Cercle des professionnels arméniens
(CPA)

Le Cercle des professionnels arméniens est une association de personnes d'origine arménienne, issues des milieux d'affaires (entrepreneurs, conseils, dirigeants), qui souhaitent se consacrer au développement d'échanges professionnels et favoriser des mouvements d'affaires entre eux.

Le CPA a pour objectifs d'aider la communauté des affaires à se connaître et faire connaître les savoir-faire et les *success stories* de chacun ; de développer l'esprit d'entraide ; de favoriser les échanges et les opportunités de business entre les membres et d'autres organisations ; d'aider les jeunes générations à trouver un stage en entreprise ou un emploi ; de contribuer au développement économique de l'Arménie en parrainant des projets de création d'entreprise.

Depuis 2005, les quelque 150 membres du CPA se réunissent une fois tous les deux mois à l'occasion d'un déjeuner-débat au restaurant Petrossian. Ils y accueillent un invité qui intervient sur son parcours, son actualité ou son secteur d'activité, comme Alain Terzian, producteur, Hervé Novelli, alors secrétaire d'État chargé du Commerce, de l'Artisanat, des Petites et Moyennes Entreprises, du Tourisme, des Services et de la Consommation, ou André Manoukian, auteur-compositeur.

Pour rejoindre le Cercle des professionnels arméniens, il convient d'être parrainé. Il n'y a ni droit d'entrée, ni cotisation annuelle ; la seule participation financière demandée est pour les repas (55 € par personne).

→ Président : Éric Dadian
cpa.web-isi.com

Cercle du Jockey Club

Parmi les membres fondateurs du Cercle du Jockey Club, né de la Société d'encouragement de l'amélioration des races de chevaux, on trouve le duc d'Orléans et le duc de Nemours. C'était en 1834. Depuis, le cercle, un peu sur le modèle des clubs britanniques, rassemble des familles, amatrices d'équitation, réunies autour d'une certaine éthique et du respect de valeurs traditionnelles.

En effet, on entre au Jockey Club en tant que membre d'une famille, et non en tant qu'individu. Les femmes n'y sont pas admises, mais un accueil particulier est réservé aux épouses de membres et aux veuves de membres non remariées qui peuvent venir déjeuner ou dîner au cercle, seules, avec leurs enfants ou des invités.

Les candidatures doivent être proposées par deux parrains qui les soutiennent. Un vote au suffrage universel les valide, et la majorité aux 4/5e est requise. Les candidats acceptés doivent ensuite acquitter un droit d'entrée de 575 € et une cotisation annuelle de 1 175 €.

Les membres ont accès à une bibliothèque de 30 000 ouvrages, bénéficient de l'entrée gratuite sur les hippodromes, avec accès aux tribunes privées, et de tarifs privilégiés au golf d'Ormesson. Ils peuvent, certains soirs, convier des invités au restaurant qui leur est réservé. Les membres de province peuvent séjourner dans l'une des huit chambres qui leur sont réservées dans l'hôtel particulier qui abrite le cercle.

Le Cercle du Jockey Club a noué des partenariats partout dans le monde: Jockey Club de Vienne, New Club d'Édimbourg, Kildare Street and University Club de Dublin,

Società del Whist-Accademia Filarmonica de Turin, Cercle du Parc de Bruxelles, Turf Club de Lisbonne, Somerset Club de Boston, Metropolitan Club de Washington, Círculo de Armas de Buenos Aires, Turf et Boodle's de Londres, Nuevo Club de Madrid, Pacific Union Club de San Francisco, Melbourne Club de Melbourne, Circolo della Caccia de Rome, Knickerbocker de New York, Haagsche Club de La Haye.

→ Président : François de Cossé, duc de Brissac
2, rue Rabelais
75008 Paris
Tél. : 01 56 59 15 50

Cercle Foch

En 1972, sur l'emplacement des hôtels particuliers ayant appartenu à sa famille, le baron Edmond de Rothschild imagina, dans l'immeuble qu'il faisait construire, un club doté d'un complexe sportif où il pourrait, avec ses amis, retrouver dans un cadre raffiné l'élégance discrète des fêtes qui se donnaient autrefois des deux côtés de la célèbre avenue Foch.

Aujourd'hui, le Cercle Foch se flatte de toujours accueillir des nouveaux membres, de compter parmi les siens nombre d'hommes et de femmes de toutes nationalités et de tous horizons, réunis par un même objectif: « La création des liens d'amitié et de coopération entre tous dans une société où l'individualisme est trop souvent à l'honneur. »

La vie du Cercle Foch tourne autour de différentes activités. Les activités « du corps » dans un complexe qui comprend une piscine climatisée, un spa, des saunas, des appareils de gymnastique (cardio et musculation) et des salles de repos. Le cercle propose des cours de gymnastique et de natation, mais aussi de judo et de karaté.

Et les activités « de l'esprit »: soirées cinéma (dans une salle privative de 50 places), jazz ou conférences originales, et jeux de société (backgammon, échecs, cartes, jeux de lettre). Enfin, le cercle dispose d'un restaurant à la disposition de ses membres.

Pour accéder au Cercle Foch, il faut acquitter un droit d'entrée de 1 200 €. Les cotisations s'élèvent ensuite à 2 600 €

pour une personne, 3 600 € pour un couple, et à 700 € pour le premier enfant ou petit-enfant (jusqu'à 25 ans).

→ Président : Marc Eisenberg
33, avenue Foch
75116 Paris
Tél. : 01 45 01 24 24
cerclefoch.fr

Cercle MBC

Le Maxim's Business Club, ainsi qu'il se nommait à sa création, a été fondé en 1968 autour du restaurant Maxim's par Jean Poniatowski, Patrick Guerrand Hermès, Paul Dupuy et André-Pierre Tarbès. Il a abandonné sa dénomination originelle en 2003 quand il a quitté les salons de la rue Royale pour rejoindre le Fouquet's. Devenu le Cercle MBC, il est composé de deux entités : le Cercle MBC Paris et le Cercle MBC Genève, créé en 1984 par Xavier Givaudan qui le préside depuis.

À Paris, le Fouquet's accueille des petits déjeuners économiques où des économistes de renom interviennent ; des déjeuners-débats avec des personnalités, hommes d'affaires, politiques, journalistes ; les « Causeries du MBC » autour d'un cocktail avec des personnalités du monde littéraire, culturel, économique ou associatif. Nicolas Sarkozy, Serge Dassault, Jean-Marie Rouart, Hubert Védrine, Henri de Castries ou encore Hélène Carrère d'Encausse sont quelques-unes des personnalités que le Cercle MBC a reçues.

À Paris ou à Genève, c'est plus d'une centaine de manifestations que le Cercle MBC organise chaque année : visites privées de sites industriels, militaires ou administratifs ; soirées ; visites d'expositions ; voyages ; manifestations sportives complètent les rendez-vous réguliers.

Les candidats au Cercle MBC doivent exercer une activité professionnelle avec des fonctions à haute responsabilité, être parrainés par deux membres ayant au moins deux ans d'ancienneté. Deux réunions annuelles de la commission d'admission examinent les candidatures et statuent. La cotisation s'élève à 700 € par an, réduite à 350 € pour les adhérents de moins de 30 ans.

→ Président : Jean Poniatowski
122, avenue des Champs-Élysées
75008 Paris
Tél. : 01 42 65 34 41
mbc-club.org

Cercle national des armées

(CNA)

Le Cercle national des armées trouve ses origines dans un décret présidentiel du 5 février 1887 et une loi du 16 avril 1924 autorisant son implantation sur l'emprise de la caserne de la Pépinière. L'immeuble de la place Saint-Augustin est dû à l'architecte en chef des Palais nationaux, Charles Lemaresquier, membre de l'Institut. Les statues surmontant les colonnes de la façade sont l'œuvre des sculpteurs, également membres de l'Institut, Injalbert pour *le Turco*, François Sicard pour *le Poilu*, Jean Boucher pour *le Marin* et Paul Landowsky pour *le Cuirassier*.

Le Cercle national des armées est un établissement public administratif à vocation sociale et culturelle qui répond à une double vocation : pour les officiers d'active, en retraite ou honoraires, c'est un lieu de rencontre et d'échange qui participe à la pérennité des traditions, de la grandeur et du prestige du statut d'officier. Pour les hautes autorités du ministère de la Défense, c'est le lieu d'accueil de leurs hôtes civils et militaires, français et étrangers.

Le cercle met à la disposition de ses adhérents une salle de fitness, des appareils de musculation, et surtout une salle d'armes, la plus ancienne de Paris. L'escrime s'y pratique aux trois armes : le fleuret, l'épée et le sabre. Sans oublier une bibliothèque dotée de plus de 8 000 ouvrages, un salon de lecture, avec la possibilité de consulter la presse internationale, et une salle de jeu (bridge, échecs, jeu de dames). Trois restaurants et un bar proposent une gamme variée de restauration, dont une carte élaborée par Guy Martin au restaurant gastronomique l'Élite.

Les membres adhérents du Cercle national des armées sont des officiers retraités, des officiers de réserve, des titulaires de la Légion d'honneur, des auditeurs ou anciens auditeurs de l'Institut des hautes études de défense nationale ou du Centre des hautes études de l'armement, ou autorisés par le conseil d'administration. Pour rejoindre les plus de 5 800 membres, il faut acquitter une cotisation, de 33 € à 127 €, selon que l'on est officier de carrière ou officier de réserve.

→ Président : général de brigade Denis Heck
Directeur : Capitaine de frégate Patrice Le Borgne
8, place Saint-Augustin
75008 Paris
Tél. : 01 44 90 26 26
cnaparis.com

Cercle républicain

Créé en 1907 par le sénateur Alfred Mascuraud, le Cercle républicain est un lieu de débat sur des sujets politiques, économiques ou sociaux dans un esprit humaniste. Son inauguration a eu lieu en présence de ministres, du préfet de la Seine, du gouverneur militaire de Paris et des plus hautes personnalités de l'époque.

Le cercle organise un débat par mois, avec le témoignage d'un expert: « Économie 2.0: quels enjeux pour les PME-PMI ? »; « Le défenseur des droits, un nouvel élan pour la République ? »; « Économie sociale: utopie ou voie d'avenir ? »; « Symbolisme de la peinture du quattrocento »...

Fin 2010, le cercle a débuté un cycle « Présidentielle 2012 » en recevant François Hollande. Jean-Louis Borloo, Dominique de Villepin, François Bayrou et d'autres lui succèderont tout au long de 2011.

Le Cercle républicain a depuis toujours maintenu ses traditions d'honneur et de loyal attachement aux principes républicains. Pour y appartenir, il convient d'être parrainé et de présenter sa candidature au conseil d'administration.

Aujourd'hui, les salons offrent également des espaces fonctionnels et équipés pour recevoir séminaires, conventions et autres manifestations professionnelles.

→ Président : Stéphane Fillette
5, avenue de l'Opéra
75001 Paris
Tél. : 01 47 03 17 89
cerclerepublicain.com

Cercle Saint-Germain-des-Prés et Saint-Sulpice

(Castel)

Le Cercle Saint-Germain-des-Prés et Saint-Sulpice, créé en 1979, est l'association qui réunit les membres de Castel, le célèbre club des nuits germanopratines.

Le millier de membres bénéficient d'un accès prioritaire aux dîners et aux soirées organisés au club, ainsi que de tarifs préférentiels au club (-15 %) et au restaurant (-10 %), où il est impossible de retenir une table sans être adhérent.

Pour adhérer, il faut obtenir le parrainage de deux membres, acquitter un droit d'entrée de 500 €, et régler une cotisation annuelle de 500 €.

→ Président : Frédéric Beigbeder
5, rue Princesse
75006 Paris
Tél. : 01 40 51 52 80

Cercle suédois (Le)

Le Cercle suédois est le plus ancien cercle suédois à l'étranger, créé pour resserrer les liens d'amitié franco-suédoise et perpétuer en France les traditions suédoises. Il a été fondé en 1891, et compte parmi ses premiers membres Alfred Nobel.

Le Cercle suédois est un endroit privilégié pour que les entreprises ayant un lien avec les pays nordiques puissent organiser des repas, mais aussi des conférences ou des réunions. Les espaces mis à disposition sont équipés en conséquence (vidéoprojecteur et rétroprojecteur, sono, WiFi...). Aujourd'hui situé à deux pas de la place de la Concorde, il offre à ses membres et à leurs invités l'accès à des salons jouissant d'une vue unique sur le jardin des Tuileries. Il dispose d'un restaurant réputé pour la qualité de sa table traditionnelle suédoise autant que pour sa cuisine gastronomique française.

Le Cercle suédois célèbre les fêtes suédoises, en particulier la fête nationale, la fête d'Été, la fête des Écrevisses ou la Sainte-Lucie. Il accueille des expositions d'artistes suédois et des conférences culturelles ou économiques où se côtoient artistes et chefs d'entreprise, organise des déjeuners à thème, des concerts de jazz ou de musique classique, et négocie pour ses membres des échanges avec d'autres clubs et des remises auprès de boutiques sélectionnées.

Outre une revue trimestrielle, *Rivoliscope*, le Cercle suédois édite un annuaire recensant la liste des particuliers et des entreprises membres, et celle des organisations suédoises et scandinaves en France. L'annuaire et la revue contiennent des annonces et des renseignements utiles pour quiconque vivant en France et ayant un lien avec la Suède.

Pour rejoindre les quelque 600 adhérents du Cercle suédois, il convient de présenter deux parrainages. Les cotisations annuelles varient de 80 € à 260 €. Une cotisation « à vie » s'élève à 3 050 € pour une personne seule et à 4 575 € pour un couple. Pour les entreprises, les cotisations sont de 500 € HT à 2 000 € HT par an selon les cas.

→ Président : Wilhelm Stiernsdedt
242, rue de Rivoli
75001 Paris
Tél. : 01 42 60 76 67
cercle-suedois.com

Chambre de commerce France-Canada
(CCFC)

Fondée en 1956, la Chambre de commerce France-Canada a pour vocation de développer les échanges commerciaux et industriels entre les deux pays.

Être membre de la CCFC, c'est recevoir de l'information régulière, avoir accès à des événements (petits déjeuners ou déjeuners à thème ; réunions d'information sur la fiscalité ou les réglementations douanières...), être soutenu par une équipe dédiée dans ses démarches entrepreneuriales d'internationalisation, avoir accès à des informations pratiques, profiter d'un réseau d'experts, bénéficier d'avantages tarifaires (compagnie aérienne, restaurants, hôtels...).

La CCFC met en œuvre différentes actions : missions de prospection, études de marché, conseils administratifs, légaux ou commerciaux. Ce sont des services payants et accessibles à tous, adhérents ou non.

En 2010, elle a lancé le « Forum annuel France-Canada à Paris ». La première édition, sur les finances internationales, a réuni 200 participants dans les salons du Cercle de l'union interalliée. La deuxième édition devrait avoir lieu en mai 2011.

La Chambre édite chaque année le *Guide des affaires franco-canadiennes*, ouvrage de référence indispensable à l'approche des marchés nord-américains et français, qui contient des informations économiques, juridiques, fiscales et financières sur le Canada, la liste des sociétés françaises implantées au Canada et des sociétés canadiennes en France, et celle des membres de la Chambre de commerce France-Canada (400 entreprises).

La CCFC diffuse également une newsletter mensuelle qui rend compte de l'activité de la Chambre, donne les faits marquants des relations économiques franco-canadiennes, fait le point sur la conjoncture canadienne et comporte des offres d'emploi et des opportunités d'affaires...

Les adhésions – avant tout *corporate* – s'élèvent de 450 € à 2 500 € (pour les membres d'honneur), selon la taille de l'entreprise. Les adhésions individuelles sont possibles.

→ Président : Pierre Meynard
5, rue de Constantine
75007 Paris
Tél. : 01 43 59 32 38
ccfc-france-canada.com

Chambre de commerce suédoise en France
(CCSF)

Créée en 1915, la Chambre de commerce suédoise en France a pour mission d'appuyer le développement des relations d'affaires entre la France et la Suède, et a comme priorité la connaissance approfondie du climat d'affaires bilatéral.

La CCSF est animée par un conseil d'administration composé de 23 dirigeants. Elle s'affirme comme un soutien dynamique pour les sociétés suédoises déjà implantées en France et pour celles qui s'y installent. Elle dispose pour cela de divers outils d'information : l'annuaire de la CCSF est édité tous les deux ans avec, entre autres, la liste détaillée de tous ses membres et de tous ceux de la Chambre de commerce française en Suède ; le magazine trimestriel *Liens* édité à 5000 exemplaires ; un site Internet très visité avec un forum d'annonces (offres d'emploi, immobilières, de partenariats).

À travers les activités qu'elle propose, la CCSF anime un riche réseau de contacts et un forum d'échanges d'expériences professionnelles : conférences-débats centrées sur les interventions de chefs d'entreprise, d'experts, d'hommes politiques français ou suédois sur des sujets politiques, économiques, sur les relations franco-suédoises... ; tables rondes ; portes ouvertes...

Depuis 1989, un prix d'excellence est remis chaque année à une société suédoise s'étant particulièrement distinguée par sa réussite sur le marché français. La CCSF a créé cette récompense afin de susciter un nouvel intérêt pour les actions et performances commerciales des entreprises, offrir une occasion de rencontres dans le milieu franco-suédois des affaires, découvrir les méthodes de travail des sociétés suédoises, mieux faire connaître la Suède et l'industrie suédoise en France.

La forte présence suédoise hors de la région parisienne a motivé la création d'une antenne à Lyon en 2005 (CCSF Rhône-Alpes), suivie d'une autre à Nice en 2007 (CCSF Sud), année qui a également vu se créer la Junior Chamber of Commerce (JCC), réunissant 120 jeunes actifs suédois et français.

La Chambre de commerce suédoise en France dispose d'un centre d'affaires (salles de réunion, bureaux, service de domiciliation d'entreprises...), à deux pas des Champs-Élysées.

Personnes physiques, entrepreneurs, PMI et PME peuvent adhérer à la CCSF. Les cotisations annuelles s'élèvent de 152 € HT à 2 530 € HT.

→ Présidente : Gîta Paterson
39, avenue Pierre-1er-de-Serbie
75008 Paris
Tél. : 01 44 43 05 15
ccsf.fr

CCSF Rhône-Alpes
Contact : Anna Choulier-Renström
Tél. : 09 66 81 12 60
ccsfrhonealpes@ccsf.fr

CCSF Sud
Contact : Charlotte Hellsten
Tél. : 01 44 43 05 15
ccsfsud@ccsf.fr

Chambre officielle de commerce d'Espagne en France
(Cocef)

La Chambre officielle de commerce d'Espagne en France a été créée en 1886 à Paris. Elle compte environ 400 membres, des entreprises domiciliées en France et en Espagne, de tous les secteurs d'activité. Tout au long de son histoire, elle a servi d'intermédiaire entre les ministères français et espagnols.

La Cocef favorise le développement des relations économiques, commerciales, touristiques et culturelles entre la France et l'Espagne. Elle aide l'ensemble des acteurs économiques et les responsables des actions sociales et culturelles des deux pays en leur fournissant tout type d'information, aussi bien commerciale que juridique. Elle organise des missions commerciales, des rencontres d'entrepreneurs, des déjeuners, des conférences, des congrès, des séminaires. Elle réalise des études de marché et des rapports économiques, élabore des études et les publie.

Elle promeut l'utilisation de la langue espagnole dans le monde des affaires, crée de nouvelles certifications et forme de futurs cadres. Elle édite des revues et des publications dont les thèmes correspondent à son objet social et assure leur diffusion sur supports papier et électronique. Elle remet tous les ans le prix Entreprise de l'année et le prix d'Arts plastiques, avec le Colegio de España.

Les cotisations varient de 300 € (personne physique) à 4 000 € (membre bienfaiteur).

→ Président : Antonio Alonso
22, rue Saint-Augustin / 75002 Paris
Tél. : 01 42 61 33 10 / cocef.com

Club Averroes

Le Club Averroes, du nom d'un philosophe, théologien musulman du XIIe siècle, a été créé en 1997 par une quinzaine de journalistes, dont David Pujadas et Amirouche Laïdi qui le préside encore aujourd'hui, pour sensibiliser, dans un premier temps, les professionnels de l'information sur la diversité. L'action du club s'est très vite étendue à tous les types de médias.

Le club, totalement indépendant, rassemble 350 professionnels qui se réunissent une dizaine de fois par an à l'occasion de dîners où des personnalités des médias et quelques hommes politiques sont conviés : Louis Dreyfus, Bertrand Méheut, Étienne Mougeotte, Plantu, Nicolas de Tavernost...

Début 2011, le Club Averroes a remis au ministère de la Culture et de la Communication et au président du Conseil supérieur de l'audiovisuel son rapport annuel sur la diversité dans les médias. Celui-ci propose un état des lieux et des propositions qui ne sont pas seulement limités à la télévision mais ouverts à la radio, à la presse écrite, à la publicité, à la bande dessinée, aux jeux vidéo. En outre, son analyse est quantitative mais aussi qualitative. Son objectif est clair : inciter les médias à une représentation équitable de la diversité sociale et ethnoculturelle.

Le Club Averroes veut agir sur le facteur politique et créer un cadre juridique pour rendre quasi obligatoire la diversité dans les médias, au sens large du terme, égalité des sexes, diversité culturelle, handicap... Il a déjà largement contribué à la création de la commission Image et Diversité du CNC, qui finance en bonification des projets ayant trait à la diversité. Les films *Aïcha, Entre les murs* ou *La Journée de la jupe* n'auraient peut-être pas pu exister sans ce financement.

Pour rejoindre le Club Averroes, il faut adhérer à sa démarche et en partager sa philosophie. Il n'y a pas de cotisation financière, mais il faut appartenir à l'univers des médias (journalistes, producteurs, comédiens...) et être coopté.

→ Président : Amirouche Laïdi
2, rue René-Bazin
75016 Paris
clubaverroes.com

Club de la Maison de la chasse et de la nature

Le Club de la Maison de la chasse et de la nature réunit principalement des chasseurs et des amoureux de la nature, mais aussi quelques esthètes sensibles au prestige des lieux. L'hôtel de Guénégaud qui l'abrite est l'œuvre de François Mansart. Le club ouvre également ses portes à des sociétés et entreprises privées, à condition bien sûr qu'elles adhérent à « l'esprit de la maison ».

Le club met à la disposition de ses membres une salle à manger, un bar, des salons, un espace de lecture, une bibliothèque et d'autres salles et espaces de réception : un auditorium de 120 places avec cabines de traduction simultanée, un équipement permettant la projection de films en avant-première et une scène sonorisée.

Pour rejoindre ce club privé, il faut faire preuve d'un attachement certain pour tout ce qui touche de près ou de loin à la nature, et être parrainé par deux de ses membres. Le dossier de candidature est ensuite examiné par le comité du club, avant d'être entériné par le conseil d'administration. Les cotisations et les droits d'entrée sont établis en fonction de deux critères : âge et lieu de résidence des postulants.

→ Directeur : Nicolas Noblet
Club de la Maison de la chasse et de la nature
Hôtel de Guénégaud
60, rue des Archives
75003 Paris
Tél. : 01 53 01 92 40

Club des amateurs de cigares de havane

(Cach)

C'est en 1987 que le Club des amateurs de cigares de havane a vu le jour, bien avant la loi Évin qui a fait se calfeutrer nombre de clubs d'amateurs de cigares. Il rassemble ses membres une fois par mois à l'occasion d'un déjeuner. Si le restaurant Le Carré des Feuillants a longtemps accueilli ces réunions, ce n'est plus le cas depuis l'interdiction de fumer dans les établissements accueillant du public (2008); celles-ci se déroulent désormais dans des endroits où fumer est autorisé ou des lieux privatisés. Le club et ses adhérents sont alors devenus nomades.

À chaque rencontre des membres du Cach, une belle vitole (identité d'un cigare: format, marque...), exclusivement de havane, est dégustée. C'est le président ou le secrétaire général qui l'apporte. Les cotisations annuelles servent à ces achats.

Pour rejoindre les adhérents du Cach, limités à 50 par un *numerus clausus*, deux parrains sont nécessaires, et il faut avoir été invité au moins deux fois à un déjeuner avant de présenter une lettre de motivation. Le bureau décide ensuite des admissions. Il faut également s'armer de patience. Le droit d'entrée est symbolique: il s'agit de 50 cigares de la meilleure qualité, bien choisis (double Corona, Churchill...). La participation aux déjeuners est d'environ 75 €.

→ Président: Patrick Werner
16, avenue Bugeaud
75116 Paris

Club des Cent

Le Club des Cent réunit des gastronomes. Des amateurs – seuls les hommes y sont admis – très avertis des choses de la table. Dès l'origine, le club, qui fêtera ses cent ans en 2012, a établi un *numerus clausus* à cent membres. Cent personnes qui ont beaucoup de plaisir à se retrouver toutes les semaines, ce qu'elles font avec assiduité.

Très structuré, le club est organisé autour de différentes commissions: voyages, table, archives, initiatives, réception des nouveaux membres... Le commissaire général à la Table veille à la bonne organisation des déjeuners hebdomadaires, et à ce que les établissements qui les accueillent soient variés (Maxim's a longtemps été le lieu de rendez-vous du Club des Cent, ce n'est plus le cas depuis le milieu des années 2000). En relation avec lui, un « brigadier », qui change chaque semaine, est désigné, en charge du repas jusque dans ses moindres détails: choix et équilibre du menu, accords mets et vins, mais aussi choix du service de table ou respect des horaires.

Pour prétendre à appartenir à ce club extrêmement discret (pas parce que secret, mais bien parce que très envié), mieux vaut y être invité. La cooptation se fait par étapes. Il faut d'abord être connu d'un nombre suffisant de membres pour que le comité décide d'étudier une candidature. Ensuite, que celle-ci ne reçoive pas d'opposition de la part des membres du club: la candidature est affichée pour que chacun puisse s'exprimer. Le prétendant est auditionné par la commission sur ses connaissances gastronomiques, un examen redouté. Enfin, le comité procède à un vote pour valider la candidature. L'heureux candidat est alors admis comme « stagiaire » le temps qu'« une place se libère ».

Deux fois par an, le Club des Cent organise un dîner au cours duquel les épouses sont conviées: à l'occasion de l'assemblée générale, en décembre, et du « dîner maigre », pendant le Carême.

Pour rejoindre les personnalités que l'on peut croiser dans ce club (Claude Bébéar, Philippe Bouvard, Jean-François Cirelli, Antoine Hébrard, Jean-Marie Messier, Bernard Pivot, Louis Schweitzer...), il faut acquitter une cotisation annuelle de 1 000 € auxquels s'ajoute le prix des repas.

→ Président : Jean Solanet
31, rue de Penthièvre
75008 Paris
Tél. : 01 45 62 12 54

Club des croqueurs de chocolat

Quelques amis fous de chocolat, Jean-Paul Aron, Philippe Court, Claude Lebey, Maurice Letulle et Nicolas de Rabaudy, ont créé en 1981 le Club des croqueurs de chocolat. Tous de vrais connaisseurs, ils se retrouvent cinq fois par an pour apprécier le chocolat sous toutes ses formes : tablettes, bonbons, bouchées, truffes, confiseries, pâtisseries, gâteaux et biscuits, mousses et crèmes, glaces et sorbets, et tout produit sucré contenant du cacao et du chocolat.

Le Club des croqueurs de chocolat veut apporter à ses membres le plaisir de déguster, entre amis, une grande diversité de produits de qualité. Il contribue à la promotion des bons professionnels, artisans, mais aussi industriels, en faisant appel aux meilleurs dans les différents métiers, et aide à faire connaître leurs créations les plus remarquables.

Il informe les amateurs des résultats des dégustations réalisées par ses membres, afin qu'ils disposent des noms et adresses de ceux dont les chocolats, les gâteaux, les sorbets... ont été reconnus comme savoureux, voire délectables ou incomparables. Souhaitant rendre un service utile, le club ne communique que des appréciations positives. Et il fournit au public, en plus de ces bonnes adresses, quelques conseils pour bien choisir et déguster au mieux.

Enfin, le club s'exprime sur certains problèmes d'actualité intéressant les consommateurs, comme la réglementation du chocolat ou la TVA.

Le Club des croqueurs de chocolat publie le *Guide des meilleurs chocolatiers de France*, et décerne les Awards du chocolat, remis à l'occasion du Salon du chocolat. En 2010, il a célébré douze lauréats confirmés ou non, comme Patrick Roger, Pierre Hermé ou Anne-Françoise Benoit.

Parmi les 150 membres, nombre défini par un *numerus clausus*, on trouve des médecins, des avocats, des professeurs d'université, des secrétaires, des publicitaires, des infirmières, des kinésithérapeutes, des éducateurs sportifs, des assistantes sociales, des journalistes, des retraités, une agricultrice et plusieurs grands chocolatiers...

Pour les rejoindre il faut être parrainé par deux membres et justifier d'aptitudes précises : être consommateur régulier de chocolat sous toutes ses formes, savoir en distinguer les différentes qualités, s'appliquer à éduquer ses papilles, et de simple gourmand s'élever à la condition de gourmet, élargir le plaisir de goûter à la satisfaction intellectuelle de savoir... et s'armer de patience, l'attente varie entre une et trois années. La cotisation s'élève à 100 €.

→ Président : Jacques Pessis
8, rue Lamennais
75008 Paris
Tél. : 01 42 61 36 08
croqueurschocolat.com

Club des entrepreneurs de la Gironde
(CDE)

Créé en 1999, le Club des jeunes entrepreneurs est devenu le Club des entrepreneurs de la Gironde cinq ans plus tard. Il se distingue par son état d'esprit : simplicité, diversité et convivialité en sont les piliers.

Il réunit des chefs d'entreprise de toute la Gironde, détenant obligatoirement une part significative du capital de leur entreprise. Ils sont aussi bien créateurs, repreneurs qu'entrepreneurs, débutants que confirmés. De la microentreprise à la société dont l'effectif s'élève à plusieurs centaines de salariés, tous les secteurs d'activité y sont représentés.

Les programmes de rencontres et les ateliers proposés aux adhérents sont des occasions de partage où les expériences des uns profitent aux autres. Rompre l'isolement, nouer des contacts, tisser et enrichir son réseau, mutualiser ses connaissances, ses compétences, ses savoir-faire, confier ses préoccupations, confronter ses idées, ses choix et ses orientations, travailler en groupe pour identifier les problèmes et rechercher les solutions, échanger des informations stratégiques... voilà ce qu'un membre peut y trouver, dans une atmosphère conviviale et un esprit d'entraide.

Le CDE réunit près de 210 chefs d'entreprise qui représentent plus de 2 000 emplois en Gironde. Le club leur propose des conférences annuelles (« L'évolution des modes de consommation » ; « Retombées de la crise 2010 » animée par Élie Cohen...), et des rencontres régulières : déjeuners mensuels entre les membres, formations, rendez-vous d'affaires. Il gère également une bourse export, destinée à financer la participation à une mission d'affaires export et collective, tant sur la recherche de prospects commerciaux que de partenaires d'entreprises adhérentes.

Le montant de la cotisation annuelle s'élève à 50 € pour les entreprises ayant moins de trois ans d'activité, et à 100 € pour celles ayant plus de trois ans d'activité.

→ Président : Jean-Paul Calès
Chambre de commerce et d'industrie de Bordeaux
12, place de la Bourse
33076 Bordeaux cedex
Tél. : 05 56 79 50 60
club-entrepreneurs-gironde.com

Club des gentlemen-riders et des cavalières de France

(Club GRC)

Créée en 1922 par une cinquantaine d'amateurs civils et militaires, l'association du Club des gentlemen-riders et des cavalières de France a toujours gardé sa motivation première : « Regrouper des gentlemen-riders montant ou ayant monté en courses pour créer et maintenir entre eux de durables liens de courtoisie et de camaraderie sportive. »

Les 500 membres peuvent monter dans 280 épreuves réservées aux amateurs, dans 430 épreuves réservées aux AQPS (classification utilisée pour les chevaux de course en galop signifiant « autre que pur-sang »), participer à d'autres compétitions avec des jockeys professionnels, le tout dans les 23 pays membres de la Fédération internationale des gentlemen-riders et des cavalières.

Parmi les adhérents, on compte des propriétaires de chevaux de course, un président de société de course, des présidents de fédérations de course, des commissaires de course, des membres actifs à France Galop, des entraîneurs et des jockeys, tel Yves Saint-Martin.

Il faut deux lettres de parrainage de membres actifs du club, accompagnées de sa propre lettre de motivation, pour prétendre adhérer au Club GRC de France. On peut être membre actif (il faut avoir monté au moins cinq courses), moyennant un droit d'entrée de 100 €, ou membre associé (pour ceux ayant monté moins de cinq courses, ou souhaitant simplement soutenir le sport amateur) pour un droit d'entrée de 200 €. Ensuite, pour les deux catégories, la cotisation annuelle est de 120 €.

→ Président : Jean de Bretizel
Hippodrome de Saint-Cloud
1, rue du Camp-Canadien
92210 Saint-Cloud
Tél. : 01 47 71 01 15
clubgrc.fr

Club des goûteurs de caviar

Association loi 1901 à but non lucratif, créée en 2003, le Club des goûteurs de caviar, probablement le seul au monde de ce type, est né d'un double constat. Les personnes qui ont la chance de goûter du caviar une fois, en général, ne jurent plus que par celui-là. Et puis, trop souvent, c'est un mets saupoudré, utilisé comme décoration par les chefs, alors que ce produit se suffit à lui-même.

Des connaisseurs, amateurs éclairés, ont voulu se réunir régulièrement pour déguster différents caviars, sauvages et d'élevage, et partir à la découverte de nouvelles fermes d'élevage. Leur devise: « En toute chose se référant au goût, la connaissance décuple le plaisir. » Quatre fois par an, tant que la pêche le permet, les 50 membres de ce club, élitiste par le produit qu'il représente, se réunissent dans un établissement gastronomique. Une dégustation comparative débute le repas, avec au minimum deux fois trente grammes de produit: à l'aveugle, avec du faux caviar, ou encore avec un caviar qui n'a pas encore été mis sur le marché.

Le club, souhaitant résolument pouvoir critiquer la qualité des produits en toute liberté, ne s'est attaché à aucun lieu ni à aucun producteur. Il achète les caviars dégustés lors des soirées et n'hésite pas à adresser les commentaires de ses adhérents aux maisons qui les produisent.

L'adhésion annuelle s'élève à 160 €. Ensuite, à chaque dîner, une participation est demandée aux adhérents et à leurs invités. Celle-ci est modulée en fonction des achats du produit phare. Pour réduire le montant des repas, le club a des partenaires chaque année. Le champagne Charles Heidsieck est le premier d'entre eux, resté fidèle depuis la création. Volontairement, un *numerus clausus* a été établi à 50 membres.

Les rencontres étant ouvertes à des invités, un nombre trop élevé de participants ne permettrait pas de bonnes conditions de dégustation. Pour adhérer, outre la nécessité d'être coopté, il convient donc d'attendre qu'une place se libère, et de recevoir l'aval des cinq membres du bureau de l'association.

→ Président : Jean-Marie Pinçon
61, rue Condorcet
75009 Paris
jmp1943@orange.fr

Club Esprits d'entreprises

Fondé en 2003 à l'initiative de deux entrepreneurs, Diaa Elyaacoubi et Bernard Ochs, Esprits d'entreprises est un club d'entrepreneurs et de dirigeants actionnaires de leur entreprise. Le club, laboratoire d'idées, agit pour la promotion de l'esprit d'entreprise avec quatre objectifs : débattre et apprendre, informer et témoigner ; transmettre et promouvoir l'esprit d'entreprise ; agir pour les PME ; promouvoir les idées et les propositions de ses membres.

Les adhérents, nécessairement des créateurs d'entreprise, entrepreneurs ou dirigeants actionnaires d'une entreprise de plus de dix salariés, sont conviés à diverses rencontres. Petits déjeuners thématiques (« La reprise économique est-elle en train de faire place à une nouvelle phase d'expansion ? »), déjeuners politiques et grands débats mensuels (« Sommes-nous entrés dans un monde postoccidental ? Les conséquences ? » avec Dominique Moïsi ; « Itinéraire d'un *self-made-man* » avec François Pinault...) ponctuent l'année.

Pour rejoindre les 400 entreprises adhérentes, les candidatures, sur les critères énoncés plus haut, sont présentées au comité directeur. Après acceptation, les cotisations varient de 500 € à 1 000 € selon l'effectif des entreprises. Pour les entrepreneurs de moins de 30 ans et dirigeant une société de moins de trois ans, l'adhésion s'élève à 250 €. À cela s'ajoute la participation aux événements du club.

→ Présidente : Diaa Elyaacoubi
24, rue Edgar-Faure
75015 Paris
Tél. : 01 73 54 12 11
espritsdentreprises.fr

Club Horizons (Le)

Le Club Horizons est un lieu de réflexion, d'échanges, et avant tout d'action, libre de toute contrainte politique ou corporatiste. Il a été créé en octobre 2003 et bénéficie du soutien du cabinet d'audit Pricewaterhouse Coopers et de la banque privée Neuflize OBC.

Il rassemble une centaine d'entrepreneurs, cadres dirigeants d'entreprises privées et publiques et de hauts fonctionnaires, jeunes décideurs à haut niveau de responsabilité qui sont et seront au cœur des enjeux économiques, politiques et sociaux de notre pays.

« Agir pour demain » : l'ambition du Club Horizons est d'agir autrement pour contribuer à l'évolution positive de la société.

En 2006, il a « incubé » le projet « 100 000 entrepreneurs ». L'idée est de transmettre la culture d'entreprendre aux jeunes générations, en particulier dans les quartiers difficiles. Au cours d'une séance de deux heures, des entrepreneurs économiques ou sociaux de tous horizons font partager leur histoire à des élèves et étudiants de la 3e à l'enseignement supérieur.

Le Club Horizons a lancé en 2009 « 100 000 rencontres solidaires », un projet ayant pour objet de favoriser l'insertion professionnelle des personnes bénéficiaires du RSA. Lors d'une rencontre interactive des bénéficiaires du RSA et des volontaires d'entreprise échangent et partagent leur expérience. À l'issue de ces rencontres, un accompagnement informel peut être proposé.

Le Club Horizons organise régulièrement des petits déjeuners au cours desquels une personnalité (entrepreneur, ministre ou ancien ministre...) intervient sur un thème de son choix et répond ensuite aux questions des membres du club. Ainsi, ont été reçus, entre autres: Claude Allègre, Fadela Amara, Jacques Attali, Patricia Barbizet, Jean-Louis Beffa, Jean-Louis Bruguière, Rachida Dati, Hervé Morin, Geoffroy Roux de Bézieux, Louis Schweitzer, Manuel Valls ou Antoine Zacharias. Des soirées *networking*, ayant pour but de réunir les membres du club pour des échanges informels et des partages d'expériences sont également proposées aux adhérents.

Pour devenir membre du Club Horizons, il faut avoir moins de 42 ans et occuper un poste à haut niveau de responsabilité, et adresser une lettre de motivation au secrétariat général. Le conseil d'administration statue après un entretien. La cotisation annuelle varie de 250 € à 600 €.

→ Président : Alexandre Almajeanu
Déléguée générale : Béatrice Viannay-Galvani
4, rue de la Michodière
75002 Paris
Tél. : 01 53 43 71 46
club-horizons.typepad.com
100000entrepreneurs.com

Club Ivy

Le Club Ivy a été créé en 2004, à l'initiative de certains de ses membres. Il n'existait pas de structure permettant aux dirigeants européens de la technologie, basés en France, de se réunir périodiquement et de façon conviviale à Paris.

L'objectif du club est de développer les relations entre les 100 membres, parmi lesquels les présidents d'HP, de Microsoft ou de Philips en France, des membres de comités exécutifs d'Alcatel-Lucent, de Capgemini ou de France Télécom, des directeurs généraux et directeurs de division de sociétés significatives du secteur de la technologie, et des DSI de grands groupes français.

Les rencontres se font d'abord par le biais d'un cycle de petits déjeuners-conférences permettant aux membres, avec l'aide d'un invité extérieur, de mieux appréhender l'environnement culturel, géopolitique, historique dans lequel se déroule la vie des affaires. Chaque année, un thème est retenu. En 2011, les débats porteront sur « Les conseillers du pouvoir : hommes du président et visiteurs du soir » ; en 2012, le sujet sera « La désindustrialisation est-elle un mal nécessaire ? ». Le Club Ivy reçoit des personnalités comme Jacques Attali, Laurent Fabius, Henri Guaino, Anne Lauvergeon, Michel Pébereau, François Pérol ou Raymond Soubie.

Ensuite, à l'occasion d'un cycle de dîners-débats « d'approfondissement », sur des thèmes de management ou de société (« Identifier et retenir les talents, le nouvel avantage concurrentiel ? » ; « Le management par l'humour » ; « La génération Y au travail »...), les membres du club mettent en commun leurs approches et leurs expériences afin d'enrichir collectivement leurs savoir-faire.

Les thèmes traités n'ont jamais un contenu technologique. Les journalistes ne sont pas admis aux réunions. Un compte rendu des réunions est adressé dès le lendemain à chacun des membres, de façon limitative.

Les réunions sont mensuelles. Elles ont lieu dix fois par an au Cercle de l'union interalliée et deux fois par an au domicile du président du club, à l'occasion d'une dégustation de vins et d'un récital de piano. Le parrainage est nécessaire pour rejoindre le Club Ivy, suivi de l'acceptation par les membres du comité. Tant par son mode de sélection, le niveau de responsabilité de ses membres que par les conditions d'adhésion, le Club Ivy est marqué par une forte sélectivité.

→ Président-fondateur : Pierre Aussure
90, rue d'Assas
75006 Paris
Tél. : 01 56 81 28 28
ivysearch.com

Club L

Quand elle était propriétaire du restaurant gastronomique le Laurent, Gilberte Beaux a voulu en ouvrir les portes à des femmes actives, des femmes d'entreprise et de pouvoir.

Son idée était de leur donner la possibilité de venir déjeuner dans son établissement et de leur offrir un menu adapté. Le Club L est né en 1998. Depuis, ses 250 adhérentes peuvent réserver, uniquement au déjeuner, et venir accompagnées d'une ou deux personnes. Une carte spécifique leur est proposée à un tarif préférentiel.

Pour rejoindre le Club L, il convient d'être parrainée. Les candidatures sont ensuite soumises à l'acceptation de madame Beaux.

→ Présidente : Gilberte Beaux
Restaurant Laurent
41, avenue Gabriel
75008 Paris
Tél. : 01 42 25 00 39

Club La Pelle

En 1917, quelques familles marseillaises créent un point de rendez-vous pour se retrouver entre amis au bord de l'eau et pratiquer l'aviron. Les premiers statuts de l'association sont déposés en 1923. Comme un clin d'œil à l'origine du club, une paire de « pelles », du nom de l'extrémité large et plate d'un aviron (une rame), est mise à l'honneur à l'entrée du club-house.

Les statuts de l'association précisent que son objectif est la promotion des sports nautiques. Aujourd'hui, l'aviron a été remplacé par la planche à voile, le catamaran et les dériveurs. Le club héberge une école de voile et participe à de nombreuses régates au cours de l'année, dont certaines qu'il organise. Plage privée, terrain de beach-volley, piscine, restaurant sont à la disposition des adhérents.

La demande d'admission d'une famille doit être présentée par écrit par deux parrains qui se portent garants de la candidature. Celle-ci est ensuite soumise à examen et à l'approbation des membres du club par affichage. Le droit d'entrée s'élève à 3 000 € et la cotisation annuelle est d'environ 800 €.

→ Président : Renaud Belnet
2, promenade Georges-Pompidou
73008 Marseille
Tél. : 04 91 71 24 43
lapelle-marseille.com

Club Marseille la Découverte

En 1997, peu avant la Coupe du monde de football, quinze responsables d'entreprises implantées à Marseille s'organisent et proposent un partenariat de grande envergure. Le club se réservait de valoriser le développement de l'image économique de Marseille auprès des personnalités, des médias internationaux, des acteurs économiques mondiaux, présents lors de ce rassemblement. Fort de cette expérience de communication et de valorisation, le club a pérennisé son action au-delà de cet événement en proposant aux responsables d'entreprise de se rassembler pour soutenir et valoriser l'image de Marseille.

Les membres du club se retrouvent au moins une fois par mois pour accueillir, lors d'un déjeuner-débat, une personnalité qui participe à l'évolution de Marseille par son action ou son rayonnement, ou à l'occasion d'animations sportives et culturelles pour des temps de rencontre et de convivialité.

Les adhérents parlent et font parler de Marseille, connaissant ses forces, mais aussi ses faiblesses, pour faire progresser la ville. Ils vivent à Marseille et animent la cité phocéenne par la mise en œuvre d'activités qui répondent aux attentes des citoyens.

Pour être membre du club, il faut être le représentant d'une entreprise, d'une profession libérale ou être artisan. Le Club Marseille la Découverte rassemble 140 entreprises dont 116 membres actifs (présents à l'assemblée générale). L'adhésion est de 6 100 € HT pour les membres fondateurs,

2 000 € HT pour les membres partenaires, 850 € HT pour les membres actifs.

→ Président : Pierre Bonneric
Palais du Pharo
1, rue Pythéas
13001 Marseille
Tél. : 04 91 31 49 79
clubmarseille.com

Club XXIe siècle

Le Club XXIe siècle est une association de cadres issus de l'immigration dont la mission est de valoriser la diversité française en promouvant l'égalité des chances. Il rassemble des personnes de toutes origines (France métropolitaine, DOM, Maghreb, Asie, Afrique, Amérique du Sud), de toutes professions (hauts fonctionnaires, cadres d'entreprise, médecins, avocats, universitaires...), de toutes tendances politiques, animées par la volonté de montrer que « la diversité de ses populations est une chance pour la France ». Parmi les membres du premier conseil d'administration se trouvait Rachida Dati.

Le club a plusieurs objectifs :

- faire se rencontrer et se connaître des cadres de haut niveau ;
- les mettre en relation avec des grands chefs d'entreprise et des responsables politiques ;
- faire profiter les plus jeunes de l'expérience et des relations des membres ;
- produire une réflexion sur le thème de la diversité de la population française, mais pas sous l'angle des discriminations.

Et, finalement, donner une autre image de la diversité en mettant en relation les membres du club avec des journalistes.

Le Club XXIe siècle est un partenaire privilégié de FinanCités, une société de capital-risque solidaire dédiée à l'investissement dans les microentreprises des zones urbaines sensibles, créée par PlaNet Finance en 2007. Le club s'est associé à l'université Paris-Dauphine pour créer une chaire Management et diversité.

Pour compléter ces engagements, le club publie un annuaire d'« administrateurs indépendants potentiels » dont les profils ont été identifiés par Korn/Ferry International pour faciliter la présence de représentants issus de la diversité parmi les sociétés cotées.

Le club a mis en place différents groupes de travail (international, diversité dans l'entreprise et la société, égalité des chances, représentations politique et média) qui donnent lieu à des actions ou à des publications. Enfin, des dîners-débats sont régulièrement organisés avec des personnalités économiques ou politiques : Jacques Attali, Laurent Fabius, Louis Gallois, Henri Proglio, Ségolène Royal, Nicolas Sarkozy, Louis Schweitzer, Serge Weinberg...

Les statuts précisent le montant de la cotisation annuelle, 100 €, et spécifient la possibilité d'être « membre bienfaiteur » au-delà de 1 000 € par an.

→ Présidente : Fleur Pellerin
33, avenue Mac-Mahon
75017 Paris
Tél. : 01 53 81 81 81
www.21eme-siecle.org

Comité Colbert

Association fondée en 1951, le Comité Colbert rassemble aujourd'hui 75 maisons de luxe soucieuses de partager et promouvoir ensemble, en France et à l'international, l'alliance de la tradition et de la modernité, du savoir-faire et de la création, de l'histoire et de l'innovation.

La richesse du Comité Colbert tient à la diversité des métiers qu'il rassemble, unique au monde. Il peut se flatter de réunir dix catégories de métier différentes, qui représentent plus de 130 professions et comptent parmi leurs artisans 65 meilleurs ouvriers ainsi que 8 maîtres d'art et 10 chevaliers et officiers des Arts et des Lettres. Cette diversité fait de lui le représentant par excellence de la culture et de l'identité françaises, le symbole de l'art de vivre à la française, tant vanté à travers le monde.

L'association se veut un lieu de réflexion, d'anticipation et d'échanges de bonnes pratiques. Elle réalise des études conjoncturelles et structurelles et des analyses sur l'évolution du marché du luxe. Elle mène une réflexion prospective, organisant des journées sur des sujets d'intérêt collectif pour le secteur et sur les marchés de demain, en s'entourant d'universitaires, de chercheurs et de spécialistes. Elle constitue un réseau de 800 collaborateurs soucieux de pouvoir échanger autour de thématiques et de projets communs. Elle organise donc régulièrement des réunions rassemblant les responsables des différentes fonctions : communication, ressources humaines, patrimoine...

La stratégie du Comité Colbert repose sur le travail de commissions (club, communication, création, économique, internationale et culturelle, métiers et ressources humaines, pouvoirs publics...), validé et amendé par le conseil d'administration et adopté par l'assemblée générale. Trois comités de réflexion interviennent localement sur des sujets communs et sont responsables de la mise en œuvre de projets locaux : Pays du Golfe, Inde et Japon.

Les membres du Comité Colbert sont uniquement recrutés par cooptation, les candidatures n'étant reçues qu'à l'initiative d'au moins deux membres qui les présentent pour avis à la commission Éthique et nouveaux membres. Les critères d'admission sont l'ambition internationale et le caractère identitaire de la marque, l'exigence de qualité, l'importance accordée au processus créatif, la poésie de l'objet et l'éthique. Un droit d'entrée et une cotisation relative au chiffre d'affaires de l'entreprise doivent être acquittés.

→ Présidente : Françoise Montenay
2 bis, rue de la Baume
75008 Paris
Tél. : 01 53 89 07 60
comitecolbert.com

Commanderie du Bontemps de médoc et des graves, sauternes et barsac

Dès le Moyen Âge, une commanderie religieuse fonde une église à Benon, près de Saint-Laurent-Médoc. La culture de la vigne, l'élevage et la vente de vin sont alors les principales ressources des moines soldats et paysans. Ils conseillent, aident et protègent les vignerons des villages avoisinants de Margaux, Soussans, Avensan, Moulis..., occupant très tôt une place importante dans la vie de la région.

L'organisation actuelle de la commanderie ne remonte qu'au lendemain de la Seconde Guerre mondiale (1949), mais elle a conservé l'esprit des précurseurs. Elle est née en 2000 de la fusion de la Commanderie du Bontemps de médoc et des graves et de la Commanderie du Bontemps de sauternes et barsac, qui forment aujourd'hui une entité unie sur la rive gauche de la Garonne et de la Gironde.

Rassemblement des grandes fonctions viticoles (vignerons, courtiers, négociants), la commanderie célèbre et défend non seulement le vin, mais aussi les valeurs qui lui sont attachées, l'amitié, la gaieté et la fidélité au terroir, « en tout lieu, et devant quiconque ».

Pour devenir ambassadeurs des vins de médoc, graves, sauternes et barsac, il convient d'être parrainé par au moins un commandeur titulaire. Chaque année, la commanderie accueille plusieurs dizaines de nouveaux commandeurs d'honneur.

→ Grand maître : Emmanuel Cruse
38, rue Ferrère / 33000 Bordeaux
Tél. : 05 56 30 38 38 / commanderiedubontemps.com

Confédération générale des petites et moyennes entreprises
(CGPME)

La Confédération générale des petites et moyennes entreprises est une organisation patronale interprofessionnelle, privée et indépendante, dont la représentativité est officiellement reconnue. Elle assure la représentation et la défense de l'ensemble des petites et moyennes entreprises, tous secteurs confondus (industrie, commerce, services, artisanat), au niveau national, tant auprès des pouvoirs publics que des partenaires sociaux, ainsi qu'au niveau international depuis 1945.

Elle sert les chefs d'entreprise (PME et TPE) au travers de 123 unions territoriales interprofessionnelles, 4 unions de branche (PME et commerce, petite et moyenne industrie, prestataires de services et artisanat), et de 220 fédérations professionnelles.

La CGPME participe à la gestion des régimes paritaires de protection sociale (Unedic, UN-CAM, Arrco, Agirc), aux négociations nationales interprofessionnelles et à plus de 500 instances de concertation officielle. Elle est présente dans les chambres de commerce et d'industrie, les chambres de métiers, les CESR, les tribunaux de commerce, les conseils de prud'hommes, les commissions départementales des impôts, ainsi qu'à l'international, au Bureau international du travail, au Comité économique et social de l'Union européenne, à l'UEAPME (organisme représentatif des PME européennes), et aux auditions à l'OCDE et l'OMC. Elle détient des mandats dans de nombreuses instances, régionales, nationales et européennes.

La CGPME rencontre les pouvoirs publics au plus haut niveau. Elle n'hésite pas à s'opposer, lorsque les projets lui semblent néfastes, en mobilisant ses troupes sur le terrain et tous ses relais d'opinion. Elle est la voix des PME et TPE dans les médias.

Elle est enfin force de proposition. À ce titre, elle entretient un dialogue constant avec les pouvoirs publics et les élus. Nombre de ses préconisations sont retenues.

Elle édite *Territoires en direct*, lettre d'information et d'actualité, tous les deux mois. Et diffuse, par voie électronique, la *Lettre soci@le*, la *Lettre de l'économie*, *Interface Europe* et *Conjoncture CGPME*. Elle organise Planète PME, rendez-vous annuel qui rassemble pas moins de 11 000 participants à chaque édition.

Dirigeants de PME ou de TPE dans les secteurs de l'industrie, du commerce ou des services peuvent adhérer à la CGPME. Les adhésions sont récoltées par les CGPME territoriales qui en reversent une partie à la CGPME nationale. Elles s'élèvent à 155 € pour les entreprises de moins de deux ans, puis varient de 310 € pour les entreprises de moins de 10 salariés à 600 € pour les entreprises de plus de 50 salariés. Elles incluent la garantie sociale du chef d'entreprise et une protection juridique.

→ Président : Jean-François Roubaud
10, terrasse Bellini
92806 Puteaux cedex
Tél. : 01 47 62 73 73
cgpme.fr

Confrérie du vin de Suresnes

Créée en 1984 à l'initiative de Jean-Louis Testud, la Confrérie du vin de Suresnes a permis de relancer une vigne qui aurait été plantée en Île-de-France dès la fin de l'Empire romain. La fin du XIXe siècle en a vu le déclin : d'abord à cause du phylloxéra, mais aussi par le développement des transports permettant l'arrivée sur le marché parisien de vins de qualité supérieure à celle des vins locaux, et par l'essor industriel qui a colonisé les terrains jusque-là cultivés.

Le vin blanc de Suresnes était célébré par Rabelais et François Villon. Servi à la table des rois, il est réputé pour avoir été l'un des préférés d'Henri IV. Aujourd'hui, le plus important vignoble d'Île-de-France (un hectare, 4 800 pieds de vigne plantés) est composé à 80 % de chardonnay et à 20 % de sauvignon. On en tire le seul vin blanc produit en Île-de-France et autorisé à la vente.

La confrérie reçoit de nouveaux intronisés deux fois par an : à l'occasion du chapitre de la Saint-Vincent (tournante, car en alternance avec la Confrérie des clos de Rueil-Buzenval), au mois de janvier, et pour célébrer la fin des vendanges, le premier week-end d'octobre, à l'occasion du Festival des vendanges. D'autres chapitres exceptionnels ont lieu, la confrérie est régulièrement invitée par des institutions ou des clubs gastronomiques étrangers. C'est elle qui a organisé le premier Wine Festival de la Nappa Valley (Californie).

→ Président-fondateur : Jean-Louis Testud
Grand maître : Axel Brucker
Administratrice : Catherine Magdelaine
Hôtel de Ville / 2, rue Carnot
92150 Suresnes
Tél. : 01 42 04 96 75

CroissancePlus
(C+)

Fondée en 1997 par Denis Payre, alors à la tête de Business Objects, CroissancePlus a réfléchi à la fiscalité et aux stock-options conçues comme des instruments de management performants et motivants. Le succès est immédiat. Dans le domaine des nouvelles technologies, mais pas seulement, services, industrie, conseils et services aux entreprises sont aussi représentés. Aujourd'hui, C+, c'est plus de 300 dirigeants d'entreprise à forte croissance.

Depuis sa création, CroissancePlus a obtenu ou participé à obtenir quelques mesures visant à revaloriser l'esprit d'entreprise par le rapprochement « chef d'entreprise/salarié » et la reconnaissance de la valeur « travail/partage ». Ainsi, C+ a contribué aux paragraphes sur le report des charges sociales et le statut spécifique pour les *business angels* (SUIR) dans l'élaboration de la loi sur l'initiative économique (dite Dutreil, en 2003), à la définition du statut de la Jeune entreprise innovante (JEI), à la rédaction d'amendements ou de projets de loi (loi Jacob-Breton et loi d'orientation et de programmation sur la recherche et l'innovation en 2005).

Six commissions de travail contribuent à élaborer des propositions qui sont ensuite défendues auprès des pouvoirs publics et des décideurs politiques : création d'entreprise et financement, social et emploi, recherche et innovation, croissance responsable, internationale, relations grands groupes/PME. Régulièrement consultée par les organisations patronales, le gouvernement, ou les organismes institutionnels, l'association participe également à des groupes d'études parlementaires.

CroissancePlus soutient le prix de l'Entrepreneuse, l'IT for Business Forum, les Trophées de l'entreprise sociale de *La Tribune* et le prix de la Stratégie d'entreprise.

Enfin, C+ organise un Spring Campus, qui réunit 150 entrepreneurs pendant trois jours autour d'invités des mondes économique et politique. « Innovation 360° » est le thème des réflexions et des débats du campus de 2011.

→ Président : Frédéric Bedin
203, rue du Faubourg-Saint-Honoré
75008 Paris
Tél. : 01 56 88 56 20
croissanceplus.com

Dîners celtiques (Les)

Depuis 2009, l'association les Dîners celtiques a repris un flambeau datant de 1879. Ernest Renan a présidé le premier dîner de la Société celtique qui accueillait aussi bien des Bretons que des Celtes d'outre-Manche et des amis des études celtiques, tous réunis par leur intérêt et leur amour pour la Bretagne. Les Dîners celtiques réunissent aujourd'hui des individus autour de la Bretagne et ceux qui la font.

Le but de l'association est de participer à l'amélioration de l'image de la Bretagne, de sa culture comme de son économie, et de rassembler ceux qui y contribuent. En un mot, effacer le complexe d'infériorité qui a marqué des générations de Bretons, et être un réseau actif de solidarité.

Les Dîners celtiques organisent diverses manifestations : les dîners et les apéros celtiques autour d'une personnalité bretonne, et les brunchs celtiques, occasion de converser avec un ou plusieurs invités sur l'actualité culturelle et littéraire en lien avec la Bretagne ou l'univers celtique.

L'adhésion à l'association est ouverte à toute personne qui le souhaite, à condition d'avoir assisté à au moins deux dîners dans l'année, d'avoir deux parrains parmi les 500 membres, et de régler la cotisation annuelle de 55 €. Le bureau de l'association, où l'on retrouve des avocats, des hauts fonctionnaires, des dirigeants, agrée les candidatures deux fois par an.

→ Président : Yannick Le Bourdonnec
21, rue Gassendi
75014 Paris
dinersceltiques.org

Dirigeants commerciaux de France

(DCF)

Depuis 1930, le mouvement des Dirigeants commerciaux de France, premier réseau des managers de la fonction commerciale, regroupe 3 000 chefs d'entreprise, enseignants ou responsables de service commercial dans 80 associations représentées au sein de 21 régions. Présents sur tout le territoire, ils ont pour objectif de valoriser la fonction commerciale auprès des jeunes et au sein des entreprises, en favorisant la mise en réseau pour créer du business en entreprise.

Le DCF fédère et favorise la mise en réseau grâce à des outils de partage, à des événements d'envergure nationale, et à un congrès biennal. Il valorise la performance commerciale en récompensant l'excellence des entreprises et en stimulant la culture commerciale. Il sensibilise les jeunes aux métiers de la vente à travers des concours nationaux (le concours national de la commercialisation, depuis 50 ans), et des actions d'information, de découverte – avec le Parcours de découverte des métiers commerciaux – ou de formation aux métiers de la vente. Enfin, le DCF soutient le développement des entreprises par un partage d'expertises et des formations permanentes.

Depuis 2009, le Club Premier des dirigeants commerciaux de France, sans appartenance sectorielle, est dédié uniquement aux centres d'intérêt spécifiques des directeurs commerciaux de grandes entreprises. Cinq rencontres d'une demi-journée par an sont organisées autour d'un groupe de quinze participants, d'un animateur et d'un expert. Les résultats sont ensuite publiés et intégrés à l'Observatoire permanent de la fonction commerciale et donnent lieu à une grande soirée de débat annuelle.

Pour adhérer, il faut être acteur de la fonction commerciale ou percevoir la performance commerciale comme étant l'un des moteurs de développement de son activité. Chaque membre est inscrit dans l'une des 80 associations locales. Il participe à la vie de cette association et s'y implique. La cotisation annuelle s'élève en moyenne à 500 €, incluant une adhésion nationale et une cotisation locale (variable selon les associations).

→ Président national : Jacques Benn
Directrice de la fédération : Carole Paplorey
1, villa George-Sand
75016 Paris
Tél. : 01 45 25 11 44

Entreprise et progrès

Créée en 1970, l'association Entreprise et progrès réunit plus d'une centaine de dirigeants, avec comme maxime: « L'homme au cœur de la vie de l'entreprise, l'entreprise au cœur de la cité. »

Entreprise et progrès offre à ses adhérents un réseau actif de réflexion et d'échanges entre entreprises de toutes tailles, de tous secteurs et de toutes origines (françaises, étrangères), mais également une approche pragmatique fondée sur la méthode des « chantiers » auxquels participent personnellement les chefs d'entreprise et leurs collaborateurs directs.

Entreprise et progrès offre aussi une capacité d'anticipation: les chantiers répondent aux préoccupations actuelles et futures des entreprises adhérentes pour les aider à gérer le changement. Enfin, elle dispose d'une capacité de communication et d'influence vis-à-vis des parlementaires, gouvernants et médias: des rencontres institutionnelles ou *ad hoc* sont régulièrement organisées afin de permettre des contacts directs à tous les adhérents.

Tous les deux mois, les adhérents se retrouvent à l'Assemblée nationale pour discuter de la conjoncture économique et sociale dans leurs différents secteurs d'activité avec des députés. Lors de petits déjeuners, l'association reçoit régulièrement des experts et des personnalités du monde économique, politique ou syndical tels Philippe Herzog ou Augustin de Romanet.

Entreprise et progrès produit des cahiers, résultats de ses travaux: « Une autre mesure de la valeur de l'entreprise »; « Compétitivité française et développement durable »...

L'adhésion est fonction de l'activité de l'entreprise, de sa date de création et de son chiffre d'affaires.

→ Président : Vincent Prolongeau
41, boulevard Malesherbes
75008 Paris
Tél. : 01 45 74 52 62
entreprise-progres.com

Entreprise & Rugby

Fondé en 2010, Entreprise & Rugby a pour ambition de fédérer les chefs d'entreprise français amateurs de rugby.

Les 522 membres du club se réunissent chaque mois, accompagnés de leurs invités, dans les salons de l'Automobile club de France à Paris. Après une conférence sur un thème économique et un débat en présence de deux personnalités, telles que Claude Bébéar, Pierre Berbizier, Jean-Michel Baylet, Christophe Dominici, Paul Goze, Claude Onesta, Fabien Pelous, Philippe Sella, Alain Tingaud ou Jacques Verdier, les adhérents participent à un dîner-dégustation de grands crus.

En outre, les membres d'Entreprise & Rugby bénéficient de l'accès, gratuit ou payant selon les cas, à des opérations événementielles, tels la Coupe du monde, le Tournoi des VI nations, une sélection de matchs prestigieux en France ou en Angleterre... Ils reçoivent une carte de membre, un agenda mensuel et sont abonnés au magazine du club (quatre numéros par an).

Pour adhérer, il est nécessaire d'être chef d'entreprise, de bénéficier d'un parrain, d'acquitter un droit d'entrée (450 € HT) et une cotisation annuelle s'élevant à 950 € HT. Ensuite, l'accès aux dix cocktails apéritifs annuels est libre (de 18 heures à 21 heures). Les membres et leurs invités ont la possibilité de participer au dîner servi à 21 heures moyennant une participation de 145 € HT par personne. Les dirigeants des clubs évoluant en Top 14, Pro D2 et Fédéral 1 sont automatiquement membres d'honneur d'Entreprise & Rugby.

→ Président : Alain Marty
28, rue Pasquier / 75008 Paris
Tél. : 01 42 89 14 14 / entrepriseetrugby.com

Entreprises de taille humaine indépendantes et de croissance
(Ethic)

Fondé en 1976 par Yvon Gattaz, le mouvement patronal Ethic, Entreprises de taille humaine indépendantes et de croissance, rassemble des entreprises qui prônent la valorisation des relations humaines. Il promeut l'entreprise dotée d'une stratégie de croissance durable, intégrant une ambition à la fois entrepreneuriale, capitalistique et humaine.

Les entreprises adhérentes au mouvement Ethic, dont beaucoup de TPE, s'engagent à défendre et promouvoir l'éthique en interne comme dans le monde des affaires, à construire une société de progrès humain et de liberté d'entreprendre, à favoriser une économie d'initiative et de responsabilité individuelle en toute transparence, et à encourager une croissance durable et un meilleur partage des richesses créées.

Chaque mois, les petits déjeuners d'Ethic accueillent des décideurs en lien avec l'actualité sociale, économique ou politique.

Ethic recense et étudie les problèmes auxquels sont confrontées les entreprises représentées. Le mouvement apporte des solutions novatrices s'adressant aux dirigeants, aux organisations professionnelles et aux pouvoirs publics, et travaille à un meilleur environnement des entreprises, concurrentiel, affranchi de positions monopolistiques, de contraintes administratives et fiscales abusives, de privilèges liés au nombre croissant de statuts particuliers... Les propositions (une charte éthique pour chaque entreprise, le *Guide des relations commerciales* avec la Fédération du commerce et de la distribution, prévention des conflits d'intérêts dans la vie publique...) issues des réflexions des groupes de travail mis en place par Ethic sont mises à la disposition du gouvernement et d'autres institutions.

Pour rejoindre le mouvement Ethic, après un entretien et l'acception de la candidature, les entreprises règlent une cotisation annuelle qui varie de 350 € (Ethic accompagne les entreprises de moins de deux ans) à 30 000 €, en fonction du nombre de leurs salariés fixes en France.

→ Présidente : Sophie de Menthon
260, boulevard Saint-Germain
75007 Paris
Tél. : 01 71 18 33 68
ethic.fr

Entreprises & médias, association des directeurs de communication

Créée en 1985, Entreprises & médias rassemble plus de 130 directeurs de communication d'entreprises ou d'institutions, en excluant les prestataires de services de communication. L'association se veut un lieu de réflexion, d'échanges et de propositions sur les structures et les fonctions des directions de communication, sur le métier de directeur de communication lui-même, son avenir, sa déontologie, et donc sur tous les thèmes qui touchent la communication.

Son ambition est la promotion de tous les moyens de communication, tant internes qu'externes, capables de valoriser les entreprises et de mieux les faire comprendre de l'ensemble de leurs publics, mais aussi de leurs acteurs eux-mêmes. Elle est aussi d'élaborer, par une réflexion commune sur les relations qu'entretiennent les entreprises avec les médias, les conditions qui leur permettront de s'ouvrir à leur environnement et conduiront en retour les médias à mieux appréhender les réalités du monde économique et industriel.

Entreprises & médias souhaite contribuer à l'intégration des paramètres de communication en amont des choix stratégiques du management et contribuer ainsi à la meilleure prise en compte de la communication dans l'ensemble des fonctions stratégiques de l'entreprise.

L'association compte plusieurs groupes de travail (déontologie, communication interne, financière, internationale, enseignement, formation, outils de mesure, organisation de la fonction, nouvelles technologies...). Elle formalise des prises de position collectives, et participe à des enseignements dans des cycles publics et privés de communication. Elle ordonne des enquêtes, organise et participe à des séminaires, des rencontres, des colloques et des débats, ainsi qu'à des manifestations tournées vers l'international (voyages professionnels, rencontres thématiques).

Après que la candidature d'une entreprise a été agréée par le conseil d'administration, la cotisation annuelle est de 3 400 €.

→ Présidente : Marie-Hélène Boidin-Dubrule
Déléguée générale : Martine Damour
35, rue d'Aboukir
75002 Paris
Tél. : 01 44 50 12 00
entreprises-medias.org

Fédération des entreprises et des entrepreneurs de France (Feef)

La Fédération des entreprises et des entrepreneurs de France a été créée en 1995 sur la volonté de chefs d'entreprise désireux de créer un collectif représentatif auprès des organisations économiques, politiques et sociales. Elle fédère des entreprises familiales et patrimoniales, essentiellement des PME, fournisseurs de la grande distribution. Elle défend leurs intérêts, les représente et les promeut auprès de la grande distribution, des leaders d'opinion et des pouvoirs publics.

La Feef réunit aujourd'hui plus de 600 entreprises de toutes tailles, de toutes régions et de tous secteurs d'activité. Elle intervient pour la défense et la liberté d'entreprendre, la valorisation et la promotion des entreprises adhérentes. Elle propose des réponses adaptées aux spécificités des entreprises indépendantes : en étant force de proposition sur des sujets techniques (qualité, *supply chain*...), en développant un lobbying de bonnes pratiques citoyennes et durables auprès des acteurs économiques, politiques et sociaux, et en communicant pour valoriser le métier d'entrepreneur.

La fédération intervient auprès des pouvoirs publics afin de les sensibiliser aux réalités de la relation PME-commerce. Elle met en place des organes de réflexion afin de permettre aux adhérents d'échanger et de participer à des projets communs (groupes de travail par enseigne, commissions paritaires).

Elle organise des conférences et des petits déjeuners-débats en présence de personnalités du monde politique, économique et social. Des groupes de travail et des commissions renforcent la collaboration entre entreprises indépendantes et « grand commerce » au service de la performance mutuelle. Lieux de réflexion, ils réunissent les adhérents par enseigne (Auchan, Carrefour, Système U...), par thématique (développement durable, export, qualité, textile, vin...). Les comptes rendus de leurs travaux sont mis en ligne pour les membres.

La Feef organise également des « *Showroom* enseigne », salons où les adhérents présentent leurs produits et leurs innovations à des enseignes de la grande distribution. Tous les deux ans, les Rencontres de Marrakech réunissent plus de 200 membres et distributeurs. Fin 2011 auront lieu les premières Assises de la qualité.

Depuis 1999, les Grés d'or de la Feef récompensent chaque année des entreprises indépendantes qui se sont distinguées à travers des partenariats avec le grand commerce. Ils permettent aux entreprises récompensées de renforcer leurs relations commerciales avec les distributeurs et leur visibilité.

L'association diffuse un annuaire de l'ensemble des adhérents et partenaires, des lettres confidentielles hebdomadaires, un journal trimestriel *Trait d'union* et propose un service de conseil juridique à ses membres, qui disposent en outre d'un espace réservé sur le site Internet.

Les cotisations annuelles sont indexées sur le chiffre d'affaires de l'entreprise adhérente.

→ Président : Gilles Charpentier
9, rue Alfred-de-Vigny
75008 Paris
Tél. : 01 47 42 38 67 / feef.org

Fédération Femmes 3000

Créée en 1989 par Marie-José Grandjacques, l'association, devenue depuis fédération, veille à l'application du principe proclamé par l'alinéa 3 du préambule de la Constitution de la IVe République: « La loi assure à la femme des droits égaux à ceux de l'homme. » Elle rassemble les femmes pour augmenter leur participation dans la vie publique, économique et sociale, développer des projets qui les rendent visibles, faire connaître leurs compétences, encourager la prise de risque et travailler sur l'égalité des chances dans tous les domaines.

La fédération s'appuie sur 17 délégations régionales, 57 départementales ou hors de France (Algérie et Tunisie), et sur les associations de femmes adhérentes en France et partout dans le monde.

Elle intervient auprès des pouvoirs publics pour promouvoir toutes actions concernant les femmes, et informe celles-ci des fonctions qui leur sont ouvertes pour susciter, appuyer des candidatures dans tous les organismes sociaux, économiques et politiques.

Femmes 3000 organise des actions à Paris au Café de Flore le premier mardi de chaque mois, et en province dans ses délégations via des rencontres-débats mensuels, des expositions, des dîners-débats, des conférences ou des commissions sur des thèmes d'actualité. Les Trophées Femmes 3000 récompensent tous les deux ans des femmes françaises installées à l'étranger, en partenariat avec le Sénat. La fédération édite trois fois par an le journal *Femmes 3000*.

Pour rejoindre les femmes représentant des entreprises, des associations ou des professions libérales, mais aussi des commerçantes et des femmes au foyer, des femmes issues des grandes écoles comme l'Ena, Polytechnique, HEC, Arts et Métiers, l'armée de terre, de l'air et la Marine, avec par exemple la première femme amiral en France, les cotisations vont de 55 € (membre actif) à 100 € ou plus (membre bienfaiteur).

→ Présidente : Line Pierlé
56, boulevard Diderot
75012 Paris
femmes3000.fr

Fédération française Business and Professional Women

(BPW France)

La Fédération française Business and Professional Women est affiliée à BPW Europe qui regroupe 27 pays et 23 000 membres, et à la Fédération internationale BPW, qui rassemble des femmes de plus de 80 pays. La première association a été créée en 1919 aux États-Unis, le premier club en France est né en 1930.

BPW France est présente sur l'ensemble du territoire à travers des clubs locaux (Chartres, Côte d'Azur, Le Mans, Lille, Marseille, Paris, Strasbourg, Toulon, Tours) et des adhérentes individuelles pour les zones ne disposant pas suffisamment de membres pour constituer un club.

L'association ambitionne d'obtenir la partition égalitaire de femmes et d'hommes aux postes décisionnaires, l'égalité salariale à postes et compétences équivalents, et une meilleure représentation des femmes dans la création d'entreprises et la vie publique. Son objectif premier est de développer le potentiel professionnel et de *leadership* des femmes à tous les niveaux.

Les clubs se réunissent une fois par mois à l'occasion d'un dîner-conférence, pour débattre d'un sujet d'actualité ou travailler sur un thème prédéfini. Des intervenants extérieurs peuvent venir enrichir les conversations, et le fruit des débats peut être transmis à la fédération nationale, puis internationale, pour parvenir au Conseil économique et social des Nations unies ou à l'Unesco.

→ Présidente : Karin Raguin
4, rue Ferdinand-Duval / 75004 Paris
Tél. : 01 82 52 28 47 / bpw-france.org

Femmes Business Angels

(FBA)

Le réseau Femmes Business Angels a été lancé par Béatrice Jauffrineau en 2003 avec le soutien de l'association France-Angels et du conseil régional d'Île-de-France. Les objectifs? Intensifier la création d'entreprises et d'emplois en France par l'investissement de Business Angels femmes, sensibiliser et encourager les femmes managers à devenir Business Angels: les informer, les former, leur présenter des projets de qualité, favoriser le financement de projets d'entreprise portés par des femmes.

Les Femmes Business Angels sont chefs d'entreprise, cadres supérieurs ou professions libérales, elles sont actuellement 70 membres. Être Femme Business Angel, c'est vouloir investir du temps, ses compétences et des ressources (minimum 20 000 € sur deux ans) dans le soutien à une entreprise en création, tout en restant actionnaire minoritaire. C'est également vouloir vivre une expérience managériale autant qu'une expérience humaine enrichissante en tant que coach d'une entreprise en création.

Les porteurs de projets déposent un dossier, l'« *Executive summary* ». Le comité de sélection prend contact avec les porteurs des projets retenus pour les étudier et en approfondir l'analyse. Ensuite, des séances d'« *Elevator pitch* » permettent aux porteurs de projets de se présenter succinctement (deux séances par mois). Les projets retenus à l'issue de ces entretiens sont défendus lors de l'une des rencontres mensuelles avec les Femmes Business Angels. Depuis le début de l'aventure, plus de 50 projets ont été soutenus.

Pour toutes, la cotisation annuelle, de date à date, est de 300 €. Sont membres actives les Business Angels ou celles qui vont le devenir. Sont membres bienfaiteurs ou membres associés les personnes physiques ou morales qui souhaitent soutenir l'action de l'association (droit d'entrée d'au moins 1 000 €). Sont membres d'honneur celles et ceux qui ont rendu des services à l'association ; dispensés de cotisation, ils sont reconnus dans leur milieu professionnel et font la promotion de la solidarité en affaires.

→ Présidente : Agnès Fourcade
c/o Centre francilien de l'innovation
74, rue du Faubourg-Saint-Antoine
75012 Paris
Tél. : 01 82 09 38 56
femmesbusinessangels.com

Femmes chefs d'entreprise France (Les)

(FCE France)

Yvonne-Edmond Foinant, maître de forge et élue à la Chambre de commerce de Paris, crée l'association Les Femmes chefs d'entreprise en 1945 avec l'objectif d'inciter la prise de responsabilité des femmes dans les mandats patronaux, d'informer et de former ses membres, et de promouvoir la solidarité, l'amitié et le partage d'expériences grâce à des liens privilégiés. Aujourd'hui, FCE France milite toujours pour la promotion des femmes chefs d'entreprise dans la vie économique et le renforcement de leur présence dans les instances décisionnelles.

Interprofessionnelle et apolitique, FCE France s'appuie sur 40 délégations locales et plus de 2 000 membres, constituant un réseau de compétences. Elle organise des réunions mensuelles dans chaque délégation, mais aussi des réunions interrégionales. L'association devient mondiale dès 1947, et compte aujourd'hui plus de 120 000 membres dans 52 pays.

Un congrès a lieu tous les deux ans, les années paires, avec un thème différent: « Intelligence économique » (Toulouse); « Reprise et transmission d'entreprise » (Paris); « Mutualisation des ressources » (Marseille); « Quels atouts pour les PME? » (Bordeaux)... Les années impaires, l'association réunit ses adhérentes à Paris pour un forum traitant d'une thématique intéressant les chefs d'entreprise.

Pour adhérer, il faut d'abord être responsable légalement et financièrement de son entreprise, constituée en société. Il faut ensuite recueillir le parrainage de deux adhérents, acquitter un droit d'entrée et une cotisation calculée selon le nombre de salariés de l'entreprise. La cotisation finance les instances nationales, d'une part, et les délégations régionales, d'autre part.

→ Présidente : Marie-Christine Oghly
12, rue Émile-Allez
75017 Paris
Tél. : 06 81 41 32 22
fcefrance.com

Financi'Elles

C'est à l'initiative des réseaux de femmes cadres de BNP Paribas et de la Société générale que la fédération Financi'Elles, fédération de réseaux internes, est née début 2011. Elle regroupe des femmes du secteur de la banque, de la finance et de l'assurance, déjà regroupées en réseau interne ou sur le point de le faire.

Six autres réseaux ont vite rejoint les premiers, ce sont ceux des entreprises Axa, Barclays, BPCE, Caisse des dépôts, Crédit agricole CIB et HSBC. Aujourd'hui, pas moins de 1 500 femmes cadres sont déjà représentées, dans un secteur qui en compte 120 000.

L'objet de Financi'Elles est de faciliter les rencontres entre les adhérent(e)s des différents réseaux, ainsi que les échanges de bonnes pratiques à l'échelle de ceux-ci, afin de favoriser la promotion des femmes à des postes à responsabilité, de faire valoir les politiques de mixité proposées par les grands acteurs de ce secteur et accroître l'attractivité de ces derniers vis-à-vis des talents féminins.

La fédération va se doter d'un baromètre de confiance des femmes cadres du secteur de la finance qui alimentera un Observatoire sectoriel de suivi et d'analyse des progrès de la mixité. Christine Lagarde, ministre de l'Économie, des Finances et de l'Industrie, a accordé son haut patronage à Financi'Elles. Arielle de Rothschild, Clara Gaymard et Nathalie Rachou ont accepté d'en être les marraines.

Pour le moment, Financi'Elles ne fonctionne que grâce à l'engagement bénévole des femmes qui l'ont initiée. Les entreprises désireuses de la rejoindre doivent montrer un réel engagement quant à la mixité, et une volonté de communiquer sur le sujet. À l'horizon 2012, on parlera cotisations.

→ Coprésidentes : Anne de Brignières, Laurence Peyraut-Bertier
1, boulevard Haussmann
75008 Paris
financielles.org

Fondation Jean-Jaurès

La Fondation Jean-Jaurès se fixe pour ambition centrale le renouvellement de la réflexion politique et intellectuelle au service de la rénovation de la gauche. Elle a pour spécificité, depuis sa création en 1992, de se consacrer à l'action internationale par le soutien, sur le terrain, à la démocratie. Elle a conduit 690 actions et missions dans 113 pays, contribuant, dans le respect de ses partenaires locaux, à la réussite de nombre de transitions démocratiques.

Pour ses 20 ans, en 2012, la fondation souhaite être le lieu de la rénovation de la pensée socialiste, en portant à la fois une vision globale et des solutions concrètes.

Un Conseil d'orientation scientifique (Cos) formule des propositions pour le programme d'activités de l'année à venir. Lieu de réflexion et de débat, il rassemble une cinquantaine de membres, français ou européens, experts et universitaires de disciplines diverses, responsables politiques, syndicaux ou d'entreprise.

La fondation diffuse des newsletters et des dossiers d'actualité, publie des notes de conjoncture, des études et des essais, édite la revue mensuelle *Esprit critique* et *La Lettre*, opus trimestriel. Ces supports rendent compte des travaux de la quarantaine de groupes de travail thématiques, lancés depuis 2000. Ils sont également alimentés par le résultat de rencontres, débats publics, colloques ouverts au public, mais aussi séminaires fermés, où sont confrontés les regards d'universitaires, d'experts, de responsables syndicaux ou politiques, français et étrangers, sur des thèmes relatifs aux enjeux internationaux, à l'histoire de la gauche, aux problèmes politiques, économiques et sociaux ou de débattre avec l'auteur d'un ouvrage d'actualité.

Les fondations ne peuvent pas avoir d'adhérent mais elles peuvent être soutenues par des dons ou des donations. Conformément à la loi sur les financements de fondations politiques et à ses statuts, la Fondation Jean-Jaurès est financée par des subventions publiques et des dons privés. Étant reconnue d'utilité publique, les dons qu'elle reçoit sont soumis à un régime spécifique d'avantages fiscaux.

→ Président : Pierre Mauroy
Directeur général : Gilles Finchelstein
12, cité Malesherbes
75009 Paris
Tél. : 01 40 23 24 00
jean-jaures.org

Fondation pour l'innovation politique
(Fondapol)

La Fondation pour l'innovation politique est indépendante et n'est subventionnée par aucun parti politique. Créée en 2004, elle contribue au pluralisme de la pensée et au renouvellement du débat public, s'inscrivant dans une perspective libérale, progressiste et européenne.

Lieu d'expertise, de réflexion et de débat, Fondapol s'attache à décrire et à comprendre la société française et européenne en devenir. Elle a défini quatre enjeux majeurs pour sa réflexion : croissance, écologie, valeurs et numérique. Elle organise des colloques et des débats et publie des études sur les sujets qui l'intéressent : agriculture, fonction publique, environnement, Internet, dette publique... Celles-ci sont accessibles librement sur le site Internet de la fondation.

Les ressources de la fondation sont publiques et privées. Le soutien des entreprises et des particuliers contribue au développement de ses activités et lui permet de renforcer son indépendance et de conduire sa mission d'utilité publique. Fondapol convie régulièrement ceux qui la soutiennent à rencontrer ses équipes et ses conseillers, à discuter en avant-première de ses travaux, à participer à ses manifestations. Elle les invite à assister à la convention générale annuelle au cours de laquelle ses orientations sont définies.

→ Président du conseil de surveillance : Nicolas Bazire
Directeur général : Dominique Reynié
11, rue de Grenelle
75007 Paris
Tél. : 01 47 53 67 00 / fondapol.org

French Jaguar Drivers Club
(FJDC)

Dès 1968, une poignée de collectionneurs de Jaguar se rencontraient, mais le French Jaguar Drivers Club n'a été formalisé que l'année suivante, d'abord comme branche du JDC anglais, et inscrit auprès de la Fédération française des véhicules d'époque. Il réunit des propriétaires de voitures Jaguar et Daimler à partir de 1960, et des personnes pas encore propriétaires, mais souhaitant se tenir informées de l'actualité de la marque et des événements du club.

Le FJDC organise tous les premiers jeudis du mois une rencontre afin de se retrouver de manière informelle à l'occasion d'un dîner. Il édite depuis 1978 un bulletin trimestriel destiné à tous les adhérents, aux principaux concessionnaires et clubs Jaguar dans le monde. Plus de 300 membres se retrouvent lors de rendez-vous annuels tels Rétromobile ou Époqu'Auto, mais aussi à l'occasion de week-ends, rallyes, pique-niques, sorties sur circuit.

L'adhésion annuelle (année civile) s'élève à 110 € (55 € pour les moins de 35 ans), à laquelle peut s'ajouter un supplément de 40 € pour rejoindre la section FJDC-Sport, faire des sorties sportives et tourner sur circuit.

→ Président : David Karslake
115, avenue de Wagram
75017 Paris
Tél. : 01 43 80 70 77
fjdc.asso.fr

Golf de Joyenval

Le Golf de Joyenval est un club privé dont les infrastructures et les deux parcours de dix-huit trous sont exclusivement réservés à ses membres et à leurs invités. Le parcours de Retz (par 72, 6 211 m) et le parcours de Marly (par 72, 6 249 m) ont été dessinés par l'architecte Robert Trent Jones.

Le club-house propose deux courts de tennis, une piscine, un espace de remise en forme (hammam, jacuzzi, salle de massage), un bar, un restaurant et une brasserie, une salle de bridge, un salon de billard. À proximité, une maison spécialement aménagée pour les enfants et des activités conçues pour eux.

Il faut être parrainé pour rejoindre le golf et acquitter un droit d'entrée (4 000 € pour les semainiers ayant accès aux infrastructures du lundi au vendredi, et 11 000 € pour les membres actifs). Ensuite, les cotisations annuelles s'élèvent à 2 720 € pour les semainiers, et à 4 870 € pour les membres actifs qui doivent de surcroît se porter acquéreur d'une action à 18 000 € (que les adhérents pourront revendre quand ils quitteront le club).

→ Chemin Tuilerie
78270 Chambourcy
Tél. : 01 39 22 27 50
golfdejoyenval.com

Golf de La Boulie

Le Racing club fut créé par un groupe d'élèves du lycée Condorcet en 1882. Présidée par Ferdinand de Lesseps, l'entité prendra trois ans plus tard son nom définitif, le Racing club de France. En 1901, un homme entreprenant et visionnaire, diplomate et brillant golfeur, Pierre Deschamps, décide avec quelques amis de créer le Golf de Paris qui va acquérir la ferme de La Boulie aux portes de Versailles, en vue de construire le premier golf parisien. Le golf prendra rapidement son essor et accueillera dès 1906 le premier Open de France. Dix-neuf autres lui succèderont jusqu'en 1986. En 1907, Arnaud Massy, le professionnel du club, remporte l'Open de France et le British Open (ce qu'aucun autre Français n'a réalisé depuis).

Le Golf de La Boulie propose trois magnifiques parcours : deux 18 trous, la Vallée (par 72, 5 995 m) et la Forêt (par 72, 6 247 m), et un 9 trous, le Coteau (par 27, 1 086 m). Les adhérents ont aussi accès à un practice de 49 places, dont 17 couvertes, et à deux *putting green* de 18 trous chacun pour l'entraînement.

Sur les 106 hectares du site de La Boulie, on trouve également des terrains de hockey sur gazon, six courts de tennis en terre battue et synthétique, un club-house avec un restaurant, un snack, un bar, une salle de bridge. Un Club Juniors est à la disposition des familles avec de nombreuses animations encadrées par des moniteurs.

Pour devenir membre du Golf de La Boulie, les candidatures doivent être présentées par deux parrains ayant plus de cinq ans d'ancienneté au sein du club et sans lien de parenté avec les candidats ni entre eux. Les parrains devront se présenter avec le candidat lors de l'audition devant la commission d'admission. Les candidats retenus acquitteront un droit d'entrée et une cotisation annuelle.

→ Président : Jean-Claude Mouret
Route du Pont-Colbert
78000 Versailles
Tél. : 01 39 50 59 41
racingclubdefrance.net

Golf de Morfontaine

Le premier parcours du golf de Morfontaine date de 1913. Dessiné par Tom Simpson, Armand de Gramont, duc de Guiche, l'a voulu et fait réaliser pour ses amis. Il l'ouvrira à des personnes extérieures à sa famille et à ses amis en 1927, créant l'association sportive actuelle. La même année, un second parcours, également dessiné par Tom Simpson, est inauguré, et Pierre Maneuvrier devient le premier champion de France de l'histoire du golf.

Le premier parcours, Vallière, comporte 9 trous sur 2 550 mètres (par 36), le second, le Grand Parcours, de 18 trous, s'étend sur 6 001 mètres (par 70). Ils ont tous deux accueilli de nombreuses rencontres internationales : championnats nationaux, d'Europe, tournois internationaux.

L'accès au golf est strictement réservé aux adhérents et à leurs invités. Les membres, tous actionnaires depuis qu'ils l'ont racheté en 1987, sont au nombre de 450 (*numerus clausus*). Pour les rejoindre, il faut être coopté et attendre qu'une place se libère.

→ Présidente : Anne-Marie de Chalambert
60128 Morfontaine
Tél. : 03 44 54 68 27
golfdemorfontaine.fr

Golf de Saint-Cloud

C'est en 1911 qu'un avocat américain, Henry Cachard, achète le domaine de Buzenval pour le compte de la société Saint-Cloud Country Club qu'il préside. Un premier parcours de golf est inauguré en 1913, un second en 1930, l'objet du club étant la pratique du golf, mais aussi celle du tennis, du croquet, du squash et du polo (le golf a accueilli le tournoi de polo des jeux Olympiques d'été de 1924, célébrés à Paris).

Le premier parcours, le Vert, est long de 5 914 mètres (par 71), le second, le Jaune, de 4 824 mètres (par 67), les deux comportent 18 trous. Les installations sont complétées par un practice ouvert de 46 postes, des aires d'entraînement, trois courts de tennis, un snooker, une salle de remise en forme, un club junior, et bien entendu un club-house avec restaurant, bar et terrasse.

L'accès aux parcours du golf de Saint-Cloud est strictement réservé aux membres du club et à leurs invités. Deux parrainages sont nécessaires avant d'acquitter un droit d'entrée (27 000 € pour une personne, 50 000 € pour un couple) et une cotisation annuelle (25 000 € pour une personne et 42 000 € pour un couple). Une à trois années d'attente sont annoncées selon le statut désiré (adhérent ou permanent).

Cependant, il est possible de réserver un cours de golf avec un enseignant, même sans être membre du club, moyennant un droit d'entrée « leçon » fixé à 5 € en semaine et 8 € le week-end.

→ Président : Jean Crespon
60, rue du 19-Janvier / 92380 Garches
Tél. : 01 47 01 01 85

Golf de Saint-Nom-la-Bretèche

Réputé pour avoir accueilli longtemps le Trophée Lancôme, le golf privé de Saint-Nom-la-Bretèche dispose de deux parcours de 18 trous, le Bleu et le Rouge, et d'un practice de 24 postes non couverts. L'infrastructure est complétée par un mini-parcours destiné aux enfants, une piscine, deux restaurants dont un panoramique et un bar – l'accès à l'ensemble étant exclusivement réservé aux membres.

Pour pouvoir parcourir les *fairways* du golf de Saint-Nom-la-Bretèche, il faut recevoir le parrainage de deux membres actifs depuis plus de deux ans et l'agrément de la commission d'admission. Ensuite, pour n'y accéder que la semaine, il faut acquitter un droit d'entrée de 6 600 € et une cotisation annuelle de 2 709 €, après avoir patienté quelques mois.

Pour devenir membre actif, et avoir accès au golf tous les jours, il est nécessaire de compter un an environ. Il faut alors acquitter un droit d'entrée de 9 800 € et se porter acquéreur de deux actions (leur prix global est fixé à 14 200 € auxquels il convient d'ajouter 5 % de taxe d'enregistrement); ensuite, la cotisation annuelle est de 3 062 €. Le nombre d'actions étant limité à 2 000, le nombre de membres actifs s'élève à 1000.

→ Président : Marc Spielrein
La Tuilerie
78860 Saint-Nom-la-Bretèche
Tél. : 01 30 80 04 40

Grande chancellerie de la Légion d'honneur

La Légion d'honneur est la plus haute décoration française. Elle récompense les mérites des citoyens, en dehors de toute considération sociale ou héréditaire, et ce dans tous les secteurs d'activité du pays. Elle regroupe, sous l'autorité du grand chancelier, dans un ensemble qui n'a pas son pareil au monde, outre les décorés, deux maisons d'éducation et un musée.

Le grand chancelier, le général d'armée Jean-Louis Georgelin, affirme à juste titre que la Légion d'honneur n'est pas un cercle. La Légion d'honneur est un ordre naturel dans lequel on entre parce qu'on est choisi pour avoir rendu des services éminents à son pays. La Légion d'honneur compte, en mars 2011, 92 540 membres.

D'un point de vue historique, son siège se situe depuis sa création, le 3 mai 1804, dans le palais de Salm acquis à cet effet – aujourd'hui palais de la Légion d'honneur –, et où furent installés, lors de leur création, la Médaille militaire, en 1852, et l'Ordre national du Mérite en 1963.

Bonaparte inscrit la Légion d'honneur dans son programme de réorganisation de la nation, au même titre que le code civil, le Conseil d'État, la Cour des comptes, le corps préfectoral, les grandes écoles… L'institution se voulait un corps d'élite destiné à réunir le courage des militaires et les talents des civils. À sa création, elle était composée de quatre grades: légionnaire, officier, commandant, grand officier.

S'adaptant aux régimes qui ont successivement gouverné la France, la Légion d'honneur a vu ses derniers aménagements réalisés en 2008, avec la création par Nicolas Sarkozy d'une promotion du Bénévolat associatif, ayant pour vocation de reconnaître et de récompenser les mérites des bénévoles, notamment dans le champ de l'éducation, de la santé, de l'action sociale et de l'humanitaire. Il a également mis en place une procédure dite d'initiative citoyenne, permettant à tout citoyen de proposer une personne qu'il estime méritante pour une première nomination dans la Légion d'honneur ou l'Ordre national du Mérite.

La Légion d'honneur est administrée par un conseil de l'ordre, présidé par le grand chancelier ; il est composé de 17 titulaires au minimum du grade de commandeur de la Légion d'honneur, d'un officier et d'un chevalier. Ses membres sont nommés par le président de la République, sur proposition du grand chancelier, pour un mandat de quatre années renouvelable. Le conseil de l'ordre veille à l'observation des statuts et règlements, vérifie et valide les dossiers de proposition, et peut prendre des mesures disciplinaires contre un membre de l'Ordre national de la Légion d'honneur, un médaillé militaire ou un membre de l'Ordre national du Mérite.

En 1962, alors que le général Catroux est grand chancelier, un plan de revalorisation des décorations est proposé au général de Gaulle. Y figurent la promulgation du code de la Légion d'honneur et de la Médaille militaire et l'institution d'un second ordre national : l'ordre national du Mérite. Distinct de la Légion d'honneur par son objet, ce dernier est destiné à récompenser les mérites distingués soit dans la fonction publique, civile ou militaire, soit dans l'exercice d'une activité privée, pendant au moins dix années de service. L'effectif de l'Ordre national du Mérite est de 187 238 décorés (mars 2011).

La Médaille militaire, créée par Louis Napoléon en 1852, fut codifiée à nouveau en 1962 par le même décret qui rénovait la Légion d'honneur. Elle constitue aujourd'hui la troisième récompense française dans l'ordre de préséance, après l'Ordre national de la Légion d'honneur et l'Ordre de la Libération. De même que pour les ordres nationaux, le contingent de médailles militaires est fixé pour une période de trois ans par décret du président de la République. Pour la période 2009-2011, il a été fixé à 3 500 par an. Les effectifs étaient de 171 671 en mars 2011.

Aujourd'hui encore l'administration et la gestion de la médaille militaire sont confiées à la Grande chancellerie. Toutefois, le choix des militaires proposés et l'établissement de leur mémoire relèvent de la compétence du ministère de la Défense, et la discipline relève du conseil de l'Ordre de la Légion d'honneur.

On ne prétend pas à la décoration, on y est proposé. Il faut au moins vingt ans d'activités assorties de mérites éminents pour être proposé au grade de chevalier de la Légion d'honneur, et au moins dix ans (mais dans les faits au moins quinze) pour être proposé au grade de chevalier de l'Ordre national du Mérite. Les propositions sont faites par les ministres parmi les dossiers que leur présentent leurs services, les préfectures, les associations, les particuliers... Ainsi un pharmacien sera proposé par le ministre de la Santé, un artiste par le ministre de la Culture...

Les grades sont les suivants: chevalier, officier, commandeur. Ils sont complétés par les dignités: grand officier et grand-croix. Aujourd'hui, les contingents annuels sont les suivants: 3 000 croix de chevalier à titre civil, 1 000 à titre militaire, remises à l'occasion de l'une des cinq promotions annuelles (trois à titre civil, deux à titre militaire). À chaque grade correspond un insigne. La Médaille militaire fait quant à elle l'objet de deux promotions par an, et l'Ordre national du Mérite, de quatre, deux à titre civil, deux à titre militaire.

La liste des nouveaux décorés ou promus de chaque promotion est publiée au *Journal officiel.*

Napoléon Ier fonde dès 1805 les maisons d'éducation de la Légion d'honneur. Placées sous l'autorité du grand chancelier, ce sont des établissements d'État, publics et laïcs, qui assurent l'éducation des jeunes filles. Le collège est à Saint-Germain-en-Laye, et le lycée à Saint-Denis.

Leur accès est strictement réservé aux filles, petites-filles ou arrière-petites-filles de membres de la Légion d'honneur à titre civil ou militaire; aux filles, petites-filles ou arrière-petites-filles de médaillés militaires; aux filles, petites-filles ou arrière-petites-filles de membres de l'Ordre national du Mérite. L'enseignement y est conforme aux principes et programmes des collèges et lycées d'État, prodigué dans le souci de la continuité d'une formation intellectuelle de qualité et le respect d'une éducation morale et citoyenne.

→ Grand maître des ordres nationaux:
le président de la République, Nicolas Sarkozy
Grand chancelier: général d'armée Jean-Louis Georgelin
Secrétaire général: Luc Fons
1, rue de Solférino
75700 Paris 07 SP
Tél.: 01 40 62 84 00
legiondhonneur.fr

Maison d'éducation de la Légion d'honneur de Saint-Denis
5, rue de la Légion-d'Honneur
93206 Saint-Denis cedex 1
Tél.: 01 48 13 13 33
melh.fr

Maison d'éducation de la Légion d'honneur des Loges
BP 8219
78108 Saint-Germain-en-Laye
Tél. : 01 39 04 10 40
melh.fr

Musée de la Légion d'honneur et des ordres de chevalerie
2, rue de la Légion-d'Honneur
(parvis du musée d'Orsay)
75007 Paris
Tél. : 01 40 62 84 25
musee-legiondhonneur.fr

Grandes écoles au féminin
(GEF)

Créée en 2002, l'association Grandes écoles au féminin a pour ambition la promotion des femmes dans le monde professionnel et l'élite dirigeante. GEF regroupe les associations de diplômées et d'anciennes de neuf grandes écoles : Centrale Paris, Ena, École des ponts ParisTech, ESCP Europe, Essec, HEC, Insead, Mines ParisTech et Polytechnique.

GEF s'est donné trois objectifs : constituer un observatoire des évolutions des femmes diplômées et de leur parcours professionnel ; développer la prise de conscience des différents acteurs concernés, et particulièrement des présidents, à l'accès des femmes aux lieux de décisions économiques ; soutenir les actions et initiatives lancées au sein des réseaux membres.

Grandes écoles au féminin organise tous les mois des petits déjeuners réservés à ses adhérents, au cours desquels des patrons de grandes entreprises sont présents. Ainsi, Nathalie Kosciusko-Morizet, Gilles Pélisson (Accor), Jean-Bernard Levy (Vivendi), Jean-Paul Bailly (La Poste), Christophe de Margerie (Total) ou Louis Gallois (EADS) ont déjà été reçus. Les interventions sont accessibles sur le site Internet de l'association.

GEF réalise régulièrement des études visant à évaluer la situation professionnelle des femmes diplômées des grandes écoles et son évolution. Les résultats des études sur le parcours professionnel des diplômé(e)s des grandes écoles : regards croisés hommes/femmes, ou les pratiques destinées à favoriser la mixité des équipes dirigeantes, participent au débat public.

→ Présidente : Clarisse Reille
165, avenue Charles-de-Gaulle
92200 Neuilly-sur-Seine
grandesecolesaufeminin.fr

HaOui

En 1989, Patrick Lenoble, patron d'une agence de communication, constate un manque criant d'informations sur les entreprises installées dans la même zone industrielle que la sienne. Il crée alors un guide recensant les cadres dirigeants des entreprises du secteur, et un club de business et de mise en relation.

En 2008, Gwendall Bothorel a rejoint l'aventure et participé au développement de HaOui. Le réseau d'affaires regroupe aujourd'hui 200 adhérents, avocats ou notaires, mais aussi voyagistes ou restaurateurs. Tous ont la même volonté de développer le chiffre d'affaires de leur entreprise de manière saine et en privilégiant le relationnel.

HaOui offre à ses membres de la visibilité sur le site Internet haoui.com, avec ses plus de 450 000 pages consultées par mois, et les met en avant dans sa newsletter hebdomadaire, diffusée auprès de 95 000 dirigeants adhérents de réseaux partenaires, Medef ou Rotary (il y en a une trentaine). La ligne éditoriale est claire : le discours est positif et valorisant pour l'entreprise.

Il faut être coopté pour rejoindre HaOui et régler une cotisation annuelle de 2 400 €.

→ Président : Gwendall Bothorel
1, rue de Terre-Neuve
Les Ulis
Mini-parc du Verger
Bâtiment G
91967 Courtabœuf
Tél. : 01 69 18 91 00
haoui.com

Harley Owners Group
(HOG)

Le Harley Owners Group a vu le jour aux États-Unis en 1983, suivi en 1986 par le Ladies of Harley (LOH), et, en 1991, par la création du HOG Europe. La marque Harley-Davidson développait un programme de fidélisation et créait alors le premier club de marque au monde, qu'elle a su développer, celui-ci rassemblant aujourd'hui 1,2 million de personnes, dont 100 000 en Europe et 15 000 en France. Cette communauté est sans doute la plus grande organisation de motards parrainée par un constructeur.

Tout nouvel acquéreur d'une moto Harley-Davidson est de fait membre du HOG. Celui-ci regroupe des *chapters*, associations créées en France par chaque concessionnaire. Chaque *chapter* est régi par une charte stricte, et est animé par un bureau ; la liste de ses membres est très précise : en plus des postes habituels dans les associations, directeur, secrétaire ou trésorier, on y trouve un *Membership Officer*, un *Head Road Captain*, un *Safety Officer*, un *LOH Officer*... L'équipe veille au respect de règles élémentaires de sécurité et de courtoisie indispensables sur la route, l'objectif premier des adhérents étant de « rouler ».

Outre la possibilité de participer à des manifestations exclusives à des tarifs préférentiels – qu'elles soient locales, régionales, nationales ou internationales –, les membres du HOG reçoivent les revues *Hog Tales* et *l'Enthusiast*, et des « couleurs » (épinglettes et écussons), signes de leur appartenance à la communauté. Ces couleurs, que tous arborent, permettent aux membres du HOG de se reconnaître et d'avoir des contacts privilégiés avec des personnes partageant la même passion dans tous les pays du monde.

La première année de cotisation au HOG est offerte par le concessionnaire, ensuite, son montant est de 73 €, auxquels s'ajoutent environ 30 € par an selon les *chapters*.

→ Président et responsable HOG France : Stéphane Sahakian
12, rue Eugène-Dupuis
94049 Créteil cedex
Tél. : 01 58 43 12 00
contact.france@harley-davidson.com

Hénokiens (Les)

(Association d'entreprises familiales et bicentenaires)

Ce sont des chefs d'entreprise et des dirigeants pas comme les autres qui se retrouvent au sein des Hénokiens. Les critères de sélection pour appartenir à l'association des Hénokiens sont les suivants : longévité, pérennité et bonne santé financière de l'entreprise. En d'autres termes, il faut que la firme ait au moins 200 ans d'existence, que la majorité du capital soit détenue pas les descendants du fondateur, et que la direction effective soit assurée par l'un d'entre eux.

Les objectifs de l'association, créée en 1981, sont le développement de ses membres à travers le monde, autour d'une philosophie commune : la valeur du concept de l'entreprise familiale, alternative aux multinationales. L'initiative vient du président de Marie Brizard, Gérard Glotin, descendant de la créatrice de la première anisette (en 1755). En choisissant pour « parrain » le patriarche Henok, qui vécut 365 années et fut enlevé dans les cieux sans mourir d'une manière terrestre, les fondateurs ont marqué leur préférence pour la pérennité incontestable des entreprises.

Aujourd'hui, ils sont 40 Hénokiens, présents dans huit pays (Allemagne, Belgique, France, Irlande, Italie, Japon, Pays-Bas, Suisse), et cumulent plus de 135 siècles d'existence. Ils veulent prouver qu'une tradition bicentenaire s'accorde avec le modernisme actuel, et sont aussi différents que Revol ou Louis Latour en France, Beretta en Italie ou Toraya au Japon.

→ Président : Claude Viellard
9, rue de la Paix / 75002 Paris
Tél. : 01 74 63 01 89 / henokiens.com

Honorix

D'anciens managers de Xerox ont créé Honorix en 1982. Ils désiraient en faire un lieu privilégié pour mieux se connaître, se retrouver, et pouvoir échanger dans un contexte à la fois amical et professionnel.

Honorix veut défendre les valeurs managériales de l'exigence et de la performance, dans le respect de la diversité de chacun. Honorix entend valoriser le capital d'expertise managériale, commerciale et marketing acquise et développée au sein du groupe Xerox. L'association veut rester à la pointe des théories, méthodes et techniques les plus efficaces de pilotage et de développement d'entreprise, en privilégiant le développement du business et le soutien entre ses adhérents.

Honorix propose à ses membres de se retrouver quatre fois par an lors de petits déjeuners thématiques (recherche d'emploi, développement de partenariat business...), mais aussi de manifestations plus festives (soirées, rencontres sportives), au cours desquelles peuvent témoigner des intervenants extérieurs aux parcours atypiques ou aux expériences exceptionnelles.

Le site Internet de l'association est un espace privé dédié à l'emploi : offres d'emploi, annuaire des cabinets de recrutement, en plus de l'annuaire des membres.

Pour prétendre rejoindre Honorix, il faut avoir été salarié plus de trois ans chez Xerox, et être parrainé par l'un des membres du bureau ou du conseil d'administration de l'association. La candidature doit être validée par le bureau. La cotisation annuelle s'élève à 50 €.

→ Président : André Darmon
c/o Productis / David Edery
64, rue de Tocqueville / 75017 Paris / honorix.org

Insead Alumni Association France

L'Insead Alumni Association France, membre de l'Insead Alumni Association (l'IAA rassemble 48 associations nationales et plus de 42 500 anciens), regroupe les anciens élèves de l'Insead en France depuis cinquante ans. Elle a pour but de perpétuer et promouvoir les valeurs de l'Insead auprès des 6 000 anciens basés en France ainsi qu'auprès des milieux d'affaires français.

L'Insead Alumni propose près de 200 rencontres par an aux adhérents. Organisées par les équipes des 37 clubs thématiques ou des 5 groupes régionaux, elles sont, pour la plupart, ouvertes aux non-membres et au monde des affaires. Le club Énergie propose un débat sur « la révolution des LEDs » ; le club Média et Entertainment un sujet sur « Les réseaux sociaux, valeurs humaines, développement durable... Comment les marques parleront-elles demain ? ». Des petits déjeuners avec des personnalités (Emmanuel Valls), des ateliers (« Rebondir en temps de crise »), des soirées théâtre font également partie des événements organisés.

Depuis douze ans, l'association décerne chaque année les Trophées Insead qui récompensent des entrepreneurs et des managers exemplaires dans les catégories Insead de l'année, Innovation, Sociale et Coup de pouce. Philippe Houzé (groupe Galeries Lafayette), Christian Blanckaert (Hermès International), Pierre Krings ont déjà reçu un trophée. En 2011, le jury sera présidé par François Hériard-Dubreuil (Orpar SA).

L'association propose en outre un service Carrières, avec un groupe Recherche d'emploi solidaire, qui propose une fois par mois à 10-12 participants de partager leurs contacts et d'échanger leurs expériences, permettant à chacun de ne pas rester seul. Elle édite évidemment un annuaire.

Les cotisations annuelles s'échelonnent de 80 € (membre sans emploi) à 850 € (membre donateur).

→ Président : Daniel Fulda
19, rue de l'Arc-de-Triomphe
75017 Paris
Tél. : 01 40 12 09 01
iaa.insead.edu

Institut Aspen France

(Aspen)

Dandizan

Qu'est-ce qu'on fait maintenant ?

Encourager l'ouverture sur le monde, la prise d'initiatives et l'exercice des responsabilités au service du bien commun : tel est l'objectif de l'Institut Aspen France, centre de réflexion et d'échanges fondé en 1983 à Paris. Développé sous l'égide de Raymond Barre, établi à Lyon en 1994, l'Institut Aspen France est membre d'un réseau international créé aux États-Unis et présent en Allemagne, en Italie, en Roumanie, en Inde et au Japon.

L'Institut Aspen est une association loi 1901, non partisane et à but non lucratif. Il développe ses activités sous forme de conférences thématiques, de séminaires et de clubs. Les programmes d'Aspen couvrent trois grands domaines : l'international, les sciences et technologies, l'économie et la société.

Pour offrir à ses membres l'occasion de se retrouver autour de discussions sur des thèmes et dans un style appropriés à chaque génération, Aspen a développé deux clubs : Dandizan et Qu'est-ce qu'on fait maintenant ?

Dandizan est un réseau de trentenaires intéressés par l'échange d'idées et la réflexion sur l'avenir, la prospective, l'anticipation. Le club se réunit une fois par trimestre, à l'occasion d'un dîner, autour d'un orateur et d'un thème de prospective à dix ou vingt ans. Il anime un atelier de « scénarios et signaux faibles » sur un sujet au long cours ; dernier sujet de réflexion : « L'avenir (ou la fin ?) du salariat. »

Le club Qu'est-ce qu'on fait maintenant ? rassemble des jeunes dirigeants, quadragénaires, issus de secteurs d'activité les plus divers (entreprise, politique, fonction publique, université, média...), intéressés par la réflexion et l'échange d'expériences sur l'exercice des responsabilités qui leur incombent, la prise de décisions, la compréhension des phénomènes économiques, politiques et sociaux auxquels ils sont confrontés dans leur activité. Le club se réunit une fois par trimestre, au cours d'un dîner, autour d'un orateur apportant son expertise ou le témoignage de son expérience sur un thème choisi. Afin de préserver la confidentialité des débats, ces réunions ne donnent pas lieu à un compte rendu.

L'Institut Aspen France dispose d'une équipe opérationnelle de trois personnes et d'un budget annuel d'un million d'euros, financé pour un tiers par les collectivités territoriales de la région Rhône-Alpes et pour deux tiers par des mécènes privés, entreprises, fondations et personnes physiques. Les contributions individuelles débutent à 300 €, celles des entreprises et institutions à 3 000 €. La fondation étant reconnue d'intérêt général, les dons qu'elle reçoit sont soumis à un régime spécifique d'avantages fiscaux.

→ Président : Jean-Pierre Jouyet
119, rue Pierre-Corneille
69003 Lyon
Tél. : 04 72 41 93 12
aspenfrance.org

Institut de l'entreprise

L'Institut de l'entreprise est une association créée en 1975 par une trentaine de grands groupes. Ses promoteurs étaient animés par le désir de disposer d'un organe de réflexion, indépendant de tout mandat syndical ou politique, qui leur permette d'affiner leur approche des questions économiques, sociales et sociétales.

L'Institut de l'entreprise réunit aujourd'hui plus de 120 adhérents, dont les activités couvrent l'ensemble des secteurs économiques, générant un chiffre d'affaires cumulé qui représente plus de 20 % du PIB marchand de la France. À la fois différent des organisations professionnelles et en contact permanent avec elles, l'institut se distingue par sa capacité à échapper aux pressions de la conjoncture immédiate. Dans sa démarche de mise en perspective des positions de tous les acteurs de la vie économique et sociale, français et étrangers, il est à la fois un lieu d'élaboration d'une pensée managériale moderne et un centre de réflexion sur les sujets de société.

Aujourd'hui, l'Institut de l'entreprise a une triple vocation : centre de réflexion, lieu de partage et pôle de formation.

Les manifestations qu'il organise accueillent dirigeants d'entreprise, personnalités politiques, experts issus de l'entreprise ou du monde universitaire. Tous sont invités à s'exprimer et à confronter leurs points de vue à l'occasion de rencontres informelles, de colloques et de séminaires internationaux. Un déjeuner autour de Daniel Cohn-Bendit ou de Guillaume Pépy, les Rencontres de Lisbonne (« Le bien-être au travail : un levier de performance ? » ; « L'avenir de l'industrie automobile »...), le Club d'observation économique

(Michel Camdessus, Jean Arthuis, Ariane Obolensky...) ponctuent l'année avec d'autres événements et colloques.

L'institut publie les résultats de ses analyses et ses études dans des rapports et des notes, et édite la revue trimestrielle *Sociétal*. Leur diffusion se fait également au travers du site Débat&co (debateco.fr), dont l'objectif est d'animer le débat économique et social en y portant le point de vue des entreprises.

L'adhésion à l'Institut de l'entreprise est en principe ouverte à toute personne morale qui en fait la demande, sous réserve de l'approbation du conseil d'orientation, et moyennant une cotisation variant selon le chiffre d'affaires de l'entreprise.

→ Président : Xavier Huillard
29, rue de Lisbonne
75008 Paris
Tél. : 01 53 23 05 40
institut-entreprise.fr

Institut Montaigne

Claude Bébéar, qui le préside encore aujourd'hui, est à l'origine de la création de l'Institut Montaigne, considérant que « le débat public en France reste trop souvent accaparé par les partis politiques et l'administration, laissant à l'écart la société civile, rarement considérée comme un interlocuteur à part entière ». L'Institut Montaigne s'appuie donc sur les acteurs de la société civile pour mener une réflexion libre et non partisane.

Son objectif est double : influencer utilement le débat public en apportant des idées pragmatiques et originales, et aider à la définition des politiques publiques dans le but d'améliorer l'environnement économique et social français.

L'Institut Montaigne organise ses travaux autour de trois axes de recherche : mobilité et cohésion sociale, modernisation de l'action publique, stratégie économique et européenne. Il organise des conférences et des discussions (les débats Libres échanges, des séminaires, des événements en partenariat avec d'autres structures de réflexion), avec des intervenants tels Laurence Parisot, Henri Lachmann, François Hollande, Michel Camdessus ou Jean-François Copé.

Il édite différents types de publication : le *Rapport*, *L'Étude*, et la *Note*, rendant compte des travaux des différents groupes de travail. La référence à ces travaux est fréquente dans les rapports officiels, la vie parlementaire, les médias, témoignant de leur qualité et de leur pertinence.

Environ 80 entreprises et 200 personnes physiques soutiennent financièrement la démarche de l'institut. Pour les rejoindre, il convient d'acquitter une cotisation allant de

50 € (étudiant de moins de 26 ans) à 500 € (soutien) pour les personnes physiques, et de 15 000 € HT à 60 000 € HT pour les entreprises, selon un barème établi en fonction de leur chiffre d'affaires mondial.

→ Président : Claude Bébéar
Directeur : Laurent Bigorgne
38, rue Jean-Mermoz
75008 Paris
Tél. : 01 58 18 39 29
institutmontaigne.org

ISG Alumni

La philosophie de l'Institut supérieur de gestion (ISG), fondé en 1967, repose sur quatre piliers fondateurs: l'envie d'entreprendre, la créativité à 360°, l'ouverture aux mondes et la confiance en soi et aux autres. L'association des anciens, l'ISG Alumni, s'est constituée en 1973, avec l'idée d'incarner pleinement l'état d'esprit de l'école pour assurer le rayonnement de l'ISG en France et partout dans le monde (l'école s'appuie sur un réseau de 64 universités partenaires dans 30 pays, permettant aux étudiants de réaliser des semestres d'études et des stages à l'étranger).

ISG Alumni compte aujourd'hui plus de 18 000 membres regroupés en délégations sur les cinq continents. Ils forment un réseau puissant et solidaire et continuent à faire vivre les valeurs dispensées par l'école: entreprenariat, ouverture à l'international, créativité et esprit d'équipe.

L'association a cinq objectifs majeurs:

- favoriser les relations professionnelles et amicales entre les ISG;
- faciliter l'insertion, le perfectionnement et la progression de ses membres dans la vie professionnelle, et aider les ISG en difficulté;
- entretenir et développer des relations avec l'ISG, sa direction, son corps enseignant et ses étudiants;
- mener toutes actions permettant la promotion du diplôme ISG;
- contribuer plus globalement au développement de l'enseignement de la gestion.

L'ISG Alumni rassemble des clubs professionnels (banque et finance, RH, immobilier...) et de loisirs (gastronomie, chasse, golf, polo...). Ils se réunissent régulièrement pour des conférences, des petits déjeuners d'affaires ou des compétitions sportives (Polo Black Cup). L'ISG Alumni organise des rendez-vous mensuels (les *First Monday*), moments d'échanges conviviaux, des rencontres en France ou à l'étranger tout au long de l'année.

Depuis 2000, l'ISG Alumni décerne, avec les étudiants en cours d'étude, le Trophée des performances à une personnalité qui les a marqués par son charisme et sa réussite professionnelle. Parmi les récipiendaires, on trouve Nicole Fontaine, présidente du Parlement européen en 2001, Michel Barnier, ministre des Affaires étrangères en 2003, Ernest-Antoine Seillière en 2006, Vaclav Havel, ancien président de la République tchèque en 2008, Agnès Cromback, président de Tiffany & Co France-Bénélux (par ailleurs diplômée de l'école) et Irina Bokova, directrice générale de l'Unesco en 2009...

La cotisation annuelle varie de 50 € (jeunes diplômés) à 90 € ou plus (membres de soutien), avec un supplément de 12 € pour pouvoir accéder aux offres d'emploi sur Internet. Elle inclut la présence de l'adhérent dans l'annuaire en ligne mis à jour chaque semaine.

→ Président : Loïc Saluden
Délégué général : Laurent de Gaulle
8, rue de Lota
75116 Paris
Tél. : 01 56 91 09 42
isg-alumni.com

Jeune Chambre économique française
(JCEF)

La Jeune Chambre économique française est un mouvement international de jeunes cadres, chefs d'entreprise et responsables, qui s'impliquent pour l'avenir de leur cité en menant des actions civiques basées sur des valeurs de liberté d'entreprise, de respect de la loi, de valorisation de la personne humaine.

Membre de la Jeune Chambre internationale regroupant près de 150 000 adhérents dans le monde à travers 120 organisations nationales, la JCEF, créée en 1952 par Yvon Chotard, est présente sur l'ensemble du territoire français métropolitain et d'outre-mer, à travers 16 chambres économiques locales. Sa vocation est de contribuer au progrès de la communauté mondiale en donnant aux jeunes l'opportunité de développer leurs talents de leader, la prise de responsabilité sociale, l'esprit d'entreprise et la solidarité nécessaires pour créer des changements positifs.

Les membres de la JCEF imaginent et réalisent des projets au service de leur cité, dans tous les domaines : social, économique, culturel, communautaire... Citoyens responsables, ils sont conscients de la difficulté de vivre en paix et de faire appliquer la justice. Âgés de 18 à 40 ans, ils se forment à la prise de responsabilité dans le respect de valeurs humanistes : foi dans l'homme et dans le progrès de la communauté mondiale ; liberté de l'individu et de l'entreprise, garante de la justice économique ; solidarité internationale car « la fraternité humaine transcende la souveraineté des nations » ; respect de la personne humaine, « la plus précieuse des richesses » ; respect des lois, lutte contre l'arbitraire ; valeur de l'engagement et noblesse de l'action au service de la communauté.

Dans chaque Jeune Chambre économique locale, les membres travaillent au sein de commissions, selon une méthodologie de conduite de projet à laquelle ils sont formés en interne : enquête, analyse, planification, action, évaluation et transmission.

Chaque association locale est administrée par des membres élus chaque année. Tous les mandats durent un an, le mouvement offre ainsi la possibilité à chacun de prendre des responsabilités et d'élargir ses compétences dans différents domaines (formation, ressources humaines, communication, programme, international...). Après leur parcours à la Jeune Chambre, de nombreux anciens membres s'engagent à nouveau dans la vie publique, civique et politique.

→ Président national : Guillaume Frei
Délégué général : Guillaume Marion
9-11, rue Alasseur
75015 Paris
Tél. : 01 53 58 52 50
jcef.fr

Lions Clubs International France

Mille deux cent cinquante clubs forment le Lions Clubs International France. Cela représente 30 000 membres animés par la même volonté de servir et de s'engager à mener des actions d'intérêt général dans un esprit humaniste. Les clubs sont regroupés en districts, au nombre de quinze en France.

Dans le monde, Lions Club International c'est 200 pays, 42 000 clubs, 1,3 million de membres, 76 millions d'euros collectés, et des représentants délégués auprès de l'Onu, de l'Unicef, de l'Unesco, de l'OMS et du Conseil de l'Europe.

Le mouvement en né en 1917 à Chicago en réponse à la question de Melvin Jones, homme d'affaires : « Que se passerait-il si les individus mettaient leurs talents au service de leur communauté ? » En 1930, le Lions Clubs International crée la « Canne blanche », pour aider les personnes non et malvoyantes. Dès 1950, il lance des programmes pour la jeunesse : les Léos Clubs sont présents aujourd'hui dans 130 pays et rassemblent plus de 140 000 Léos.

Chaque année en France, le Lions Clubs organise 5 000 manifestations, récolte 16 millions d'euros de dons, dont l'intégralité est reversée aux actions car les frais de fonctionnement sont assurés par les seules cotisations des membres.

La mobilisation des Lions a permis la création d'écoles de chiens guides d'aveugles, de bibliothèques sonores, du Centre international des Quinze-Vingts ou encore de promouvoir la canne blanche électronique. Les actions récurrentes des Lions sont nombreuses, dans le domaine médical (aide aux pays en développement, Centre du glaucome,

Lions Alzheimer), en direction de la jeunesse (universités d'été en économie et de la musique, vacances pour des enfants issus de familles en difficulté, centres internationaux francophones...) et dans les domaines culturel et sportif.

Il faut être parrainé pour rejoindre un club, et régler une cotisation nationale et internationale (200 €, ou équivalent, ce montant est le même pour tous les clubs du monde), puis, selon les particularités de chaque club, des participations aux manifestations.

→ Secrétaire générale : Florence Fraboulet
295, rue Saint-Jacques
75005 Paris
Tél. : 01 46 34 14 10
lionsclubs.org

Lounge Cigare Club

Le maître mot du Lounge Cigare Club, créé en 2003, est la passion. Par sa forme, par son histoire, le cigare n'est pas un sujet conventionnel. Du coup, les réunions qui rassemblent les membres du Lounge Cigare Club ne le sont pas non plus.

Tous les deuxièmes jeudis du mois, un dîner-dégustation est organisé sur une thématique différente : plusieurs formats (« vitole »), plusieurs millésimes d'un même cigare (une verticale), plusieurs formats d'une même maison (une horizontale), plusieurs origines pour un même format... Différents cigares sont dégustés au cours de la soirée, à l'apéritif puis en fin de repas, avec une science aussi élaborée que celle de la dégustation du vin.

Les adhérents, amateurs « experts » ou débutants, sont une vingtaine d'actifs, dont 20 % de femmes. La cotisation annuelle s'élève à 80 €. La participation aux dîners est de 55 € par personne et de 75 € pour leurs invités.

Un site Internet existe, mais son contenu est réservé exclusivement aux membres du club.

→ Président : Matthieu Debœuf
12, square Victor-Hugo
92300 Levallois-Perret
Tél. : 06 89 90 15 16
loungecigareclub.net

Medef

(Mouvement des entreprises de France)

Le Medef est le premier réseau d'entrepreneurs en France, issu de l'ancien CNPF créé en 1946, au budget de fonctionnement de plus de 36 millions d'euros. Y adhèrent 85 fédérations, regroupant 600 syndicats professionnels, 147 Medef territoriaux, régionaux ou départementaux, représentant 780 000 entreprises, dont 90 % de moins de 50 salariés, et un total de 15 millions de salariés. Les entreprises adhèrent au Medef via leurs fédérations professionnelles et Medef territoriaux.

Le Medef est un interlocuteur privilégié des pouvoirs publics et des décideurs. Il mène une action permanente de lobbying, que ce soit au niveau local, régional ou européen, pour faire valoir le point de vue de l'entreprise et alléger la pression fiscale et réglementaire qui pèse sur elle (réforme de la taxe professionnelle, d'apprentissage, transmission d'entreprise, rupture conventionnelle...).

Il conduit les grandes négociations interprofessionnelles, et signe des accords sociaux avec les organisations syndicales (négociations sur le régime d'assurance-chômage, sur la modernisation du paritarisme et de son fonctionnement...). Et il défend les propositions des entrepreneurs auprès des instances paritaires économiques et sociales (Unedic, Agirc, Arrco, Action logement...).

Le Medef dialogue en permanence avec les acteurs de la société civile, même ceux traditionnellement éloignés de l'entreprise (jeunes, enseignants, élus locaux, magistrats). Parmi les grands temps forts de l'année: le Forum Éducation Entreprise qui, en mars, réunit des représentants d'entreprise et des représentants du monde enseignant et universitaire, ou encore l'université d'été du Medef. Chaque année, fin août, sur le campus HEC, l'université d'été accueille, trois jours durant, plus de 6 000 participants français et étrangers, chefs d'entreprise, politiques, scientifiques, philosophes, artistes, venus réfléchir, par exemple en 2010 à « l'étrangeté du monde, mode d'emploi ».

→ Présidente : Laurence Parisot
55, avenue Bosquet
75007 Paris
Tél. : 01 53 59 19 19
medef.com

Mensa France

Mensa est un club international fondé à Oxford en 1946, dans le but de permettre à des personnes intelligentes de tous horizons de se rencontrer. Par « personnes intelligentes », il faut entendre ayant obtenu un score dans les 2 % les meilleurs à des tests psychométriques d'intelligence « générale » (cela correspond à une personne sur cinquante).

Pour garantir l'égalité la plus stricte devant l'admission, tous les membres sont évalués à l'aide de tests mis au point par des psychologues, adaptés pour chaque pays, et ne faisant appel qu'à des connaissances élémentaires. Les tests de passation individuels les plus utilisés en France sont les échelles de Wechsler. Ces échelles ont toutes les mêmes caractéristiques psychométriques, et les 2 % supérieurs correspondent ici à un QI pour l'échelle totale (verbal + performance) de 132. Des tests sont organisés par Mensa (40 €), mais chacun peut choisir de les passer individuellement auprès d'un psychologue reconnu (validation nécessaire du dossier par Mensa, 10 €).

L'association propose à ses membres un environnement intellectuel et social stimulant : des rencontres nationales et régionales variées (une par mois : rencontres informelles, visites, conférences...), ainsi que des activités organisées par des groupes constitués autour d'un intérêt commun, les GIS (Groupes d'intérêt spécifique).

La cotisation inclut l'abonnement à *Contacts*, réservé aux articles concernant le fonctionnement et les activités de l'association, à *Mensans* qui regroupe des rubriques plus diverses et peut être distribué en dehors de l'association, et à l'*International Journal* que reçoivent les Mensans du monde entier et dans lequel chacun peut écrire.

269

En août 2011, Paris accueillera l'European Mensa Annual Gathering et des Mensans du monde entier.

Mensa existe dans près de 100 pays et regroupe environ 110 000 membres dans le monde. En France, l'association rassemble un millier de personnes. L'admissibilité ouvre un accès à vie à l'association. La cotisation annuelle est de 60 €, avec un tarif réduit à 25 € pour les jeunes de moins de 25 ans et les chômeurs.

→ 20, rue Léonard-de-Vinci
75116 Paris
Tél. : 06 68 71 11 95
mensa.fr

MiddleNext

Créée en 1987, MiddleNext est une association professionnelle indépendante exclusivement représentative des valeurs moyennes cotées sur Euronext et Alternext de Nyse-Euronext, tous secteurs d'activité confondus.

L'action de MiddleNext est triple. Elle représente et défend les intérêts des valeurs moyennes auprès des autorités de tutelle boursière et des pouvoirs publics. Elle assure la promotion des entreprises cotées qu'elle rassemble et renforce leur visibilité auprès des acteurs de la communauté financière, des investisseurs et des médias. Enfin, elle accompagne les dirigeants dans la maîtrise des techniques boursières essentielles à l'optimisation de leur cotation en Bourse.

Les actions de lobbying de MiddleNext ont permis des avancées en faveur de valeurs moyennes. Par ailleurs, l'association est régulièrement consultée et intégrée à des groupes de réflexion français et européens dans le but de proposer des solutions concrètes qui préservent l'environnement économique, financier et boursier des entreprises cotées, en levant les obstacles et les rigidités réglementaires étatiques ou corporatistes.

MiddleNext a créé en 2007 l'Institut de l'entreprise cotée. Des formations sont proposées à Paris, Lyon et Marseille, basées sur la compétence d'experts et l'échange d'expériences entre entreprises.

MiddleNext mobilise et fédère plus de 150 entreprises cotées, petites et moyennes entreprises dont la capitalisation n'excède pas deux milliards d'euros, qui représentent 40 milliards d'euros de chiffre d'affaires cumulé et plus de 300 000 emplois.

L'association est financée et gérée par des dirigeants de valeurs moyennes.

→ Président : Pascal Imbert
Palais Brongniart
28, place de la Bourse
75002 Paris
Tél. : 01 55 80 75 75
middlenext.com

Mouvement chrétien des cadres et dirigeants

(MCC)

Le Mouvement chrétien des cadres et dirigeants est le descendant de l'Union des ingénieurs catholiques, créée en 1892 à l'initiative d'Henri-Régis Pupey-Girard, jeune jésuite en stage à l'école Sainte-Geneviève.

C'est un mouvement d'Église. Il rassemble 6 000 cadres, ingénieurs, commerciaux, financiers, enseignants, professionnels de santé... engagés dans le tissu socio-économique et ayant à cœur de vivre leurs responsabilités et d'élaborer leurs décisions en cohérence avec leurs convictions.

Les membres du MCC se réunissent en équipes constituées d'une dizaine de membres et d'un accompagnateur spirituel. Chaque mois, les membres des 700 équipes prennent le temps de partager leurs expériences. Ils se nourrissent de celles des autres. Les questions concrètes suscitent l'échange, la réflexion et la prière.

Les adhérents se réunissent également lors de rencontres plus larges, régionales ou nationales, et à l'occasion de débats sur les questions économiques et sociales. Le MCC est organisé en régions et secteurs, il propose des points d'accueil et des lieux de rencontre partout en France. Quelques équipes ont été créées dans le monde par des membres expatriés.

Depuis 1989, le MCC organise une université d'été, pendant cinq jours, pour approfondir et développer la réflexion sur un thème donné. En 2010, il portait sur l'approche économique de la solidarité internationale. En janvier 2011, le

Congrès du MCC, qui a lieu tous les cinq ans, a réuni 2 000 participants à Lyon.

Le montant des cotisations est de 105 € pour une personne et de 160 € pour un couple. L'abonnement à la revue *Responsables*, lien entre les membres du MCC, s'élève à 46 € pour la France métropolitaine.

→ Responsables nationaux : Ludovic et Anne Salvo
18, rue de Varenne
75007 Paris
Tél. : 01 42 22 18 56
mcc.asso.fr

Ordre de Malte France

L'Ordre de Malte est le plus ancien des organismes caritatifs mondiaux, fondé il y a plus de 900 ans. Sa vocation hospitalière et ses engagements dans la lutte contre la précarité, l'exclusion et la maladie rassemblent 12 500 membres et plusieurs dizaines de milliers de bénévoles à travers le monde, au sein de 47 associations nationales, qui perpétuent dans 120 pays la mission des premiers Hospitaliers : secourir et soigner.

L'Ordre de Malte est un ordre religieux. Ses membres sont organisés en trois classes : les chevaliers ayant prononcé des vœux monastiques, les chevaliers « en obédience » (assimilés aux tiers ordres monastiques qui se recrutent parmi les chevaliers et dames de l'Ordre) et les chevaliers laïcs.

En France, la mission hospitalière de l'Ordre de Malte est assurée par les Œuvres hospitalières françaises de l'Ordre de Malte, association créée par les membres français de l'Ordre en 1927. Les Œuvres ont rassemblé toutes leurs activités sous une appellation unique : l'Ordre de Malte France. Il s'appuie sur un réseau d'établissements sanitaires et médico-sociaux, tant en France qu'à l'étranger, et compte quatre instituts de formation ambulanciers ainsi qu'une activité de formation professionnelle au secourisme et à la prévention des risques.

Un réseau de 116 délégations départementales anime 5 000 bénévoles réguliers et 10 000 quêteurs. La réalisation des actions caritatives de l'Ordre de Malte France est rendue possible grâce au produit de collectes auprès du public, de dons, legs et donations reçus de plusieurs milliers de particuliers, entreprises et institutions. L'efficacité des initiatives engagées repose également sur l'appui de solides partenariats techniques, financiers ou professionnels.

Engagé au service des plus faibles, quelles que soient leur religion ou leur origine, il développe des programmes d'actions spécifiques auprès des personnes fragilisées par l'exclusion, la maladie, le polyhandicap et les catastrophes humanitaires, en utilisant des méthodes et moyens d'actions de pointe.

L'Ordre de Malte France, c'est chaque année plus de 3 000 diplômes et certificats de secourisme délivrés, plus de 2 000 postes de secours tenus, plus de 500 lits, places ou accueils de jour dans 12 établissements en France. C'est aussi 22 unités départementales d'intervention, des programmes de luttes contre les grandes endémies (lèpre, sida, tuberculose), et des tonnes de médicaments et matériels médicaux expédiés dans le monde.

L'Ordre de Malte dispose d'un siège auprès de l'Onu, de l'OMS, de l'Unesco et de la Commission européenne.

→ 42, rue des Volontaires
75015 Paris
Tél. : 01 45 20 80 20
ordredemaltefrance.org

P&G Alumni France

En mai 1974, quatre anciens de Procter & Gamble, étonnés des différences importantes qui existent entre celle-ci et les sociétés qu'ils ont rejointes par la suite, que ce soit en matière d'organisation, d'efficacité, de rentabilité ou de souci du consommateur, décident de créer l'association P&G Alumni France. Ayant tous commencé leur carrière chez P&G, ils sont très fortement marqués par sa culture, la formation qu'ils y ont reçue, et y restent très attachés.

Le but de l'association est de partager des idées, des ressources et des compétences autant que de bons moments entre amis. P&G Alumni France offre une structure d'échanges pour des projets spécifiques et favorise les contacts entre les membres qui ont des affinités communes. Quatre communautés existent dans ce sens: club Patrimoines, Fournisseurs, Marketing, Entrepreneurs.

L'association organise régulièrement des dîners-débats et des conférences avec des personnalités: Bernard Brochand, Mercedes Erra, Serge July, Antoine Riboud, Patrick Ricard, font partie des intervenants. Elle met en place des commissions de réflexion et des tables rondes sur des problématiques comme « Réseaux sociaux et réseaux de marque », et organise de nombreuses autres rencontres entre ses membres tout au long de l'année: apéritifs, soirées à thème, tournoi de golf.

Aujourd'hui, l'association compte près de 600 adhérents. Pour en faire partie, il faut avoir acquis une expérience d'au moins de deux ans en tant que cadre ou assimilé

277

au sein de P&G, et acquitter une cotisation annuelle de 70 €.

→ Président : Hervé Ludin
10, avenue d'Eylau
75116 Paris
pgalumni.fr

Paris Country Club

Le Paris Country Club est né en 1981, après la mobilisation d'élus et d'habitants contre le projet de Marcel Boussac, propriétaire du domaine de Fouilleuse, de réaliser un programme immobilier en lieu et place de l'hippodrome. Valéry Giscard d'Estaing annule les autorisations et fait racheter le site par ce qui deviendra France Galop, puis le fait aménager en club de loisirs. Au total 40 hectares de verdure, en incluant le golf.

La construction du parcours de golf de neuf trous et du practice (200 postes dont 60 couverts) date de 1991. L'offre sportive est complétée par trois piscines (dont une de 33 m, chauffée toute l'année et couverte en hiver), 21 courts de tennis en terre battue, synthétique ou dur, dont neuf couverts, quatre salles de fitness et musculation, un dôme omnisports (football, volley, basket...) et un spa (hammam, sauna, jacuzzi).

Le Paris Country Club propose en outre une salle de cinéma, un club de bridge, quatre espaces de restauration et un bar. Pour les familles, un accueil des enfants dès trois mois est prévu. De trois mois à 16 ans, des activités sont adaptées à chaque âge.

Après un entretien avec ses responsables, pour rejoindre le Paris Country Club, il faut régler un droit d'entrée (1 400 € pour les semainiers, 2 670 € pour un accès permanent), et une cotisation annuelle variable selon le nombre d'activités pratiquées (piscine + fitness + tennis + golf = 1 800 € pour les semainiers, et 3 050 € week-ends inclus). Le Paris Country Club est affilié à une quinzaine d'autres clubs dans le monde.

→ Président : M. Dahlia
121, rue du Lieutenant-Colonel-de-Montbrison
92500 Rueil-Malmaison
Tél. : 01 47 77 64 00 / pariscountryclub.com

Paris Saint-Germain
(PSG)

Le Paris Saint-Germain FC est né de la volonté de 20 000 souscripteurs désireux de voir renaître un grand club à Paris, soutenus par des personnalités comme Guy Crescent, alors P-DG de Calberson, et Pierre-Étienne Guyot, vice-pésident du Racing club de France.

Le PSG s'est doté d'un réseau de partenaires locaux, régionaux, nationaux et internationaux. Tous secteurs d'activité et toutes tailles confondus, ce sont 250 entreprises qui soutiennent le club au travers du Club Entreprises PSG. Toute entreprise ayant investi au moins 20 000 € en terme d'événementiel ou de visibilité dans une saison devient de fait membre du Club Entreprises PSG.

Le Club Entreprises PSG réunit tous les partenaires économiques du club les soirs de match, mais aussi, par exemple, autour de tournois de poker, golf, tennis ou football, de petits déjeuners-débats, de soirées de Speed Business Meeting ou encore des avant-premières de cinéma : une vingtaine d'occasions chaque année de nouer des contacts entre décideurs.

Par ailleurs, le club édite *Décideurs*, une newsletter mensuelle diffusée dans les loges du Parc des Princes.

→ Président du club : Robin Leproux
24, rue du Commandant-Guilbaud
75781 Paris cedex 16
Tél. : 01 47 43 72 16
psg.fr
clubentreprises.psg.fr

Polo de Paris

Club sportif privé créé en 1892, le Polo de Paris propose, outre la pratique du polo, celle de l'équitation, du tennis, de l'escrime, du golf (sur le practice) et de la natation.

Parmi les quelque 3 000 membres, on compte des dirigeants d'entreprise, des personnalités politiques, des diplomates...

Pour accéder à l'ensemble des installations, il faut obtenir le parrainage de deux membres, acquitter un droit d'entrée de 15 000 € et une cotisation annuelle de 997 €. À cela s'ajoutent les cotisations spécifiques à chaque sport pratiqué.

Et il faut être armé de patience, la liste d'attente des prétendants est estimée entre trois et cinq ans.

→ Président : Jean-Luc Chartier
Directrice générale : Chantal Bittan
Route des Moulins
75016 Paris
Tél. : 01 44 14 10 00
polodeparis.com

Press Club de France

Le Press Club de France ouvre ses portes en 1986. Emmanuel de La Taille, alors à TF1, Jean-Claude Bourret, Paul Dubrule et Gérard Pélisson, co-fondateurs du groupe Accor, et Christian Pellerin sont autour de la table. Cette ouverture marque un tournant décisif dans la pratique des métiers de la communication. Pour la première fois, des journalistes s'organisent entre eux pour accueillir les dirigeants d'entreprises, les responsables politiques et tous ceux qui font chaque jour l'actualité. Très vite, chefs d'État étrangers, ministres, chefs d'entreprises, grands reporters ont pris le chemin du Press Club.

Le Press Club propose tous les mois à ses 1 000 membres un programme de débats, de rencontres et de forums afin de décrypter l'actualité avec ceux qui la font dans les domaines de l'économie, des médias et de la communication, de la politique, de la géopolitique ou du management : « Médias-pouvoir : qui contrôle qui ? », avec Jean-Paul Huchon, Dominique Paillé, Gérard Leclerc et Dominique de Montvalon ; Dominique de Villepin Face au Press Club...

Les cotisations varient de 30 € (jeunes journalistes) à 164 € (journalistes sans carte de presse) par an. Les journalistes titulaires d'une carte de presse cotisent à hauteur de 64 € par an.

Les 33 salons du Press Club de France, dont un amphithéâtre de 250 places, accueillent également plus de 1 000 conférences de presse qui y sont organisées chaque année. Le Press Club de France est membre de la Fédération européenne des Press Clubs qu'elle a créée en 1989.

→ Président : Bernard de La Villardière
8-12 rue Louis-Armand
75015 Paris
Tél. 01 40 60 33 00 / pressclub.fr

Pyramides (Les)

À vingt minutes de Paris, dans un écrin de verdure de 10 hectares, se dressent cinq pyramides nées en 1986 de l'imagination de Benno Feingold, le propriétaire du club, et du savoir-faire de l'architecte Robert Taillibert. Sur les berges de la Seine, Les Pyramides seraient le plus grand centre de sport et d'affaires d'Europe, ce complexe réunissant de nombreuses infrastructures sportives et un centre pour l'organisation de conventions et séminaires.

Côté sport et détente, le club des Pyramides propose une large gamme de possibilités: practice de golf et parcours de cinq trous, squash (quatre courts), billard, ping-pong, espace de fitness avec 150 postes de musculation et cours collectifs, piscines intérieure et extérieure, football et tennis. Là, pas moins de 28 courts, dont neuf sont couverts et quatre chauffés avec toutes sortes de revêtements: terre battue, Decoturf, *classic clay*, *quick*, mais aussi moquette Sommer résine ou *green set* pour les courts couverts. Ces équipements sont complétés par un sauna, un hammam, un jacuzzi, un spa.

Pour profiter de ces installations exceptionnelles, il faut acquitter un droit d'entrée et une cotisation annuelle. Ceux-ci s'élèvent respectivement à 1 500 € et 1 620 € pour une personne, 2 000 € et 2 920 € pour un couple. Des formules existent sans droit d'entrée: 930 € la formule Open six mois adulte (accès hors dimanches et jours fériés); 1 040 € la formule semaine (adulte, de 12 heures à la fermeture, du lundi au vendredi, hors jours fériés). Cinq invitations par an (par adulte), utilisables en semaine et le samedi, hors jours fériés, sont offertes avec les cotisations.

Une carte société donne accès à quatre personnes par jour en semaine, et deux personnes par jour les week-ends et jours fériés pour 4 800 € HT par an. Cette formule offre des réductions sur la location de la plupart des espaces pour les séminaires et sur les forfaits « journée d'étude » et « soirée clef en main », et inclut la mise à disposition d'une salle de réunion pour 10 personnes (maximum une fois par mois et dix fois dans l'année).

En parallèle, un centre de conventions, composé de 10 000 m² d'espaces modulables, permet l'organisation de réunions, salons, expositions, réceptions, soirées, avec une capacité d'accueil de 20 à plus de 2 500 personnes. Régies son et lumières, vidéo dans certaines salles, sont intégrées dans tous les espaces.

→ 16, avenue de Saint-Germain
78560 Port-Marly
Tél. : 01 34 80 34 80
les-pyramides.com

Racing club de France
(RCF)

Quelques élèves du lycée Carnot, passionnés de course à pied, créent le Racing club en 1882. Très vite, il prend la stature d'un club omnisports et devient le Racing club de France en 1885. Un an plus tard, il compte 1 000 adhérents et obtient la concession d'une grande plaine au bois de Boulogne. En 1924, le RCF participe à la construction du stade Yves-du-Manoir à Colombes, en 1952, crée le golf de La Boulie, et, en 2000, il compte plus de 20 000 membres qui peuvent pratiquer 17 disciplines sportives.

Aujourd'hui, le Racing club de France compte sept sections sportives, en plus du rugby et du football : le golf, le hockey sur gazon, le tennis, le water-polo, le judo, le tir et le ski. Pour être complet, il faut y rajouter une section bridge, créée en 1984, qui organise des tournois dans la salle de bridge du club-house du golf de La Boulie, et dont des équipes de joueurs participent chaque année aux championnats de France Interclubs.

Le Racing club de France donne une large place à la formation sportive des jeunes, accueillant chaque semaine plus de 3 500 enfants. L'école de tennis du RCF, installée à La Boulie et rue de Saussure depuis fin 2007, réunit plus de 850 pratiquants. La section water-polo a été recréée en 2008, après une dizaine d'années d'arrêt ; l'école compte 65 jeunes poloïstes, et autant de seniors. La section judo dispense des cours au sein du collège Stanislas (Paris VIe).

La section tir du RCF couvre les disciplines de tir au plateau. Trois d'entre elles sont olympiques, la fosse, le *skeet* et le double trap. Les autres sont mondiales, la fosse universelle, le parcours de chasse et le *compak sporting*. La section comprend une cinquantaine de membres.

Enfin, la section ski rassemble 120 membres actifs, dont un tiers de jeunes, axés sur la pratique du ski alpin de compétition. Ils s'entraînent sur les pistes de Val-d'Isère et des Carroz, et participent à des compétitions et à des déplacements sur différents circuits de compétition, de fin novembre à fin avril.

Les membres de chaque section se retrouvent régulièrement à La Boulie pour des rencontres intersections. Les conditions d'adhésion et les cotisations varient en fonction des activités pratiquées.

→ Président : Jean-Claude Fauvet
La Boulie
Route de Colbert
78000 Versailles
Tél. : 01 39 50 59 41
racingclubdefrance.net

Racing club de Lens

(RC Lens)

Le football, né en Angleterre à la fin du XIXe siècle, est vite arrivé à Lens où le Racing club lensois voit le jour en 1906. Le stade Félix-Bollaert, qui doit son nom au président du conseil d'administration des Mines de Lens qui l'a construit, s'est beaucoup transformé pour accueillir la Coupe du monde de 1998. Sa capacité d'accueil est de plus de 40 000 places.

Le Racing club de Lens est soutenu par de nombreuses entreprises, de toutes les tailles et d'envergure tant nationale qu'internationale, qui accompagnent le club sang et or dans son évolution. Elles sont plus de 400 à souscrire à l'une des différentes offres Hospitalité : une place à chaque match à domicile de la saison, cocktails avant, pendant, après les matchs, dîners d'après match selon les formules.

Les propositions démarrent à 1 850 € HT par personne (championnat Ligue 1) pour aller jusqu'à 5 900 € HT (premiers matchs de Coupe de France et de Coupe de la ligue en plus), et peuvent être étudiées au cas par cas.

→ Président du club : Gervais Martel
Stade Bollaert
Avenue Alfred-Maes
BP 53
62301 Lens cedex
Tél. : 03 21 13 21 41
rclens.fr

Racing Métro 92

C'est un groupe d'élèves du lycée Condorcet qui a créé le Racing club en 1882, qui deviendra Racing club de France trois ans plus tard, et prendra la stature d'un club omnisports dès 1884. Le Racing Métro 92 est né de la fusion du Racing club de France Rugby et de l'Union sportive métropolitaine Transport, club omnisports de la RATP en 2001.

Le Racing Business Club rassemble plus de 60 entreprises qui défendent les valeurs du Racing : le travail, l'effort et la combativité avec un peu de légèreté, mélange de fair-play, de solidarité et de convivialité. Appartenir au Racing Business Club donne accès à des places pour tous les matchs à domicile du Top 14 Orange et de la H Cup, et permet de participer à des rendez-vous privilégiés avec les joueurs.

Les « packages » pour rejoindre le Racing Business Club varient de 3 900 € HT à 39 000 € HT, comprenant l'accès pour 1 à 10 personnes à la quarantaine d'opérations proposées chaque année.

→ Président du club : Jacky Lorenzetti
6, rue Jacques-Ibert
92300 Levallois-Perret
Tél. : 01 41 40 97 60
racing-metro92.com

Réseau Entreprendre

En 1986, André Mulliez, alors P-DG du groupe Phildar, à l'heure où les mères de famille ne tricotent plus, est contraint de licencier 600 personnes. Selon le principe suivant: « Pour créer des emplois, créons des employeurs », il fonde alors Nord Entreprendre, suivi en 1992 par Rhône-Alpes Entreprendre. La démarche se développera à l'échelle nationale avant de prendre le nom de Réseau Entreprendre. Ce mouvement est destiné à accompagner de nouveaux entrepreneurs (créateurs ou repreneurs d'entreprises) dans leurs démarches, à les faire émerger et réussir.

L'association Réseau Entreprendre fédère aujourd'hui 40 associations en France et a été reconnue d'utilité publique en 2003. L'essentiel des projets soutenus par Réseau Entreprendre sont potentiellement destinés à devenir des PME; c'est-à-dire que les créations et reprises d'entreprises concernées ont au moins trois emplois au démarrage, et un objectif de quatorze emplois dans les cinq ans.

Les critères de sélection pour prétendre à devenir « lauréat », c'est-à-dire bénéficier du soutien du réseau, sont à la fois liés à la personne et au projet. Toute personne peut être candidate quels que soient son âge, sa nationalité, son niveau de formation et son parcours professionnel. Le porteur de projet doit avoir un réel besoin d'accompagnement et en manifester le souhait. Les candidats entrepreneurs sont choisis à l'unanimité, pour leurs qualités humaines et la pertinence de leur projet, par un groupe de chefs d'entreprise lors d'un comité d'engagement.

Les lauréats bénéficient de l'aide personnalisée et régulière d'un entrepreneur expérimenté qui les suit gracieusement pendant deux à trois ans; d'un rendez-vous mensuel pour échanger avec d'autres entrepreneurs afin d'y trouver des conseils et d'éviter l'isolement ; d'un financement via un prêt d'honneur. Celui-ci, remboursable sur cinq ans, de 15 000 € à 50 000 €, sans intérêts ni garanties, permet d'abonder les fonds propres des entrepreneurs et de renforcer d'éventuels prêts bancaires.

Le réseau s'est étendu à l'international, avec des bureaux en Belgique, au Maroc, en Tunisie, en Italie et en Suisse, et des projets de développement pour 2011 au Luxembourg, au Portugal et des contacts au Liban.

Un conseil d'honneur, qui réunit des entrepreneurs reconnus, tels Claude Bébéar, Alain-Dominique Perrin ou Patrick Ricard, est consulté régulièrement sur la stratégie et les projets du réseau. Celui-ci fonctionne sur un principe de gratuité et de réciprocité. Ainsi, les créateurs/repreneurs accompagnés peuvent ensuite partager leur expérience avec de nouveaux porteurs de projets.

Depuis sa création, Réseau Entreprendre a accompagné plus de 5 000 entrepreneurs ; 86 % des entreprises créées ou reprises sont toujours en activité après trois ans, et 72 % d'entre elles après cinq ans.

→ Réseau Entreprendre
Président : Patrick Dargent
24, avenue Gustave-Delory
59100 Roubaix
reseau-entreprendre.org

Réseau Entreprendre International
Président : Christian Carassou-Maillan
c/o Espace 15
15, rue de Chavril
69110 Sainte-Foy-lès-Lyon
Tél. : 09 79 72 69 87 / reseau-entreprendre-international.org

Le Ritz Health Club

Derrière les murs du célèbre palace de la place Vendôme se cache, depuis 1989, le Ritz Health Club : 1 700 m^2 d'installations accessibles aux membres du club, mais aussi aux clients de l'hôtel et à la clientèle extérieure.

L'ensemble comprend une piscine, deux espaces de relaxation avec sauna, hammam et jacuzzi, une salle de sport (10 appareils cardio, 11 de musculation). Le club propose des cours de fitness, de yoga et d'aquagym. Il offre également un programme de remise en forme sur mesure, un éventail de soins exclusifs et personnalisés, une large gamme de massages. L'institut de beauté est complété par un salon de coiffure avec un barbier.

Un bar surplombe la plus belle et la plus grande piscine privée de Paris : couverte et chauffée, 17 m de long, 8 m de large. S'y arrêter un moment permet d'admirer le plafond peint, les fresques et les mosaïques d'inspiration gréco-romaine, et les colonnes qui entourent le bassin.

L'adhésion au club se fait exclusivement par parrainage, et le nombre de membres est volontairement limité. Après un entretien avec la direction du Ritz Health Club, il faut acquitter un droit d'entrée puis une cotisation annuelle. Les tarifs de droit d'entrée s'élèvent à 2 000 € par personne, et à 3 200 € pour les sociétés. Les cotisations varient entre 3 400 € et 4 000 € (individuel), 8 000 € pour les sociétés (une personne titulaire et une carte « invitée »), selon les formules d'abonnement. Sans être membre du club, l'accès à la journée s'élève à 180 €.

→ 17, place Vendôme
75001 Paris
Tél. : 01 43 16 30 60 / ritzparis.com

Rotary International

Le Rotary est né en 1905 à Chicago. Un avocat, Paul P. Harris, voulait alors retrouver au sein d'un club l'esprit de camaraderie qui régnait dans les petites villes de sa jeunesse. Dès 1921, des Rotary clubs sont implantés sur les cinq continents. Aujourd'hui, Rotary International rassemble plus de 1,2 million de membres, répartis dans près de 34 000 clubs, dans plus de 200 pays (en Chine et à Cuba depuis 2006).

Résolument apolitique et areligieux, c'est le plus ancien des clubs service internationaux et le plus présent dans le monde. Ses membres revendiquent la valorisation d'une haute éthique civique et professionnelle et développent des programmes dédiés à l'intérêt général. Leurs domaines de prédilection ? La santé et la solidarité, le développement durable, l'éducation, la formation et l'épanouissement des jeunes générations dans leur proche environnement.

Les Rotariens sont des dirigeants et des professionnels jouant un rôle actif dans leur collectivité, tout en développant leurs relations personnelles et professionnelles. La devise du Rotary, « Servir d'abord », illustre l'esprit humanitaire et professionnel qui anime les membres de l'organisation. L'éthique des Rotariens se traduit par le critère des quatre questions :

- est-ce conforme à la vérité ?
- est-ce loyal de part et d'autre ?
- est-ce susceptible de stimuler la bonne volonté réciproque et de créer des relations amicales ?
- est-ce bénéfique à tous les intéressés ?

Le Rotary s'est longtemps illustré dans la lutte contre la poliomyélite, en particulier grâce à son programme Polio

Plus. Cette maladie étant aujourd'hui pratiquement éradiquée, l'une de ses actions prioritaires se porte désormais vers l'eau (installations sanitaires, accès à l'eau potable...).

Le Rotary est une organisation structurée en clubs indépendants (la France en compte plus de 1 000 répartis en 18 districts), regroupés au sein de 530 districts autonomes, chacun présidé par un gouverneur. Rotary International est administré par un conseil central qui adopte des directives, fixe la politique de l'organisation, et choisit un thème annuel et des domaines prioritaires. Tous les postes changent chaque année : c'est le principe de la roue qui tourne, et qui a donné son nom au club initial. Tous les ans, une capitale du monde accueille la Convention internationale du Rotary International avec ses 18 000 participants (2011, La Nouvelle-Orléans ; 2012, Bangkok ; 2013, Lisbonne...).

Le montant de l'adhésion au Rotary est propre à chaque club. Les clubs paient une redevance à Rotary International équivalant à 100 $ par an et par adhérent. Les cotisations sont ensuite redistribuées en intégralité au service des actions menées par les clubs.

Le programme Rotaract, né en 1969, est destiné aux jeunes de 18 à 30 ans. Il rassemble près de 190 000 Rotaractiens dans plus de 8 000 clubs dans 140 pays. Les plus jeunes, de 14 à 18 ans, entrent dans le programme Interact qui réunit plus de 10 500 clubs dans 110 pays.

→ Président en exercice : Ray Klinginsmith
Président à partir du 1er juillet 2011 : Kalyan Banerjee
rotary.org
rotary-francophone.org
rotaract-france.org

Rugby Club (Le)

En juin 1995, Serge Kampf, le fondateur de Cap Gemini, réunit une vingtaine de ses amis (dirigeants d'entreprise, avocats, cuisiniers, médecins, écrivains, journalistes...) et une dizaine de Barbarians à Johannesburg afin d'assister à la finale de la troisième Coupe du monde de rugby. Cette expérience sera suivie par beaucoup d'autres et permettra de tisser des liens étroits entre ces deux mondes qui se connaissaient mal.

Voulant formaliser ces rencontres, la création d'un « Business Rugby Club » est envisagée, pour finalement laisser place à une association. L'association « Les Amis des Barbarians » est créée en septembre 2007, à la veille du match inaugural de la Coupe du monde de rugby en France. Depuis juillet 2010, elle est devenue le Rugby Club.

Il s'est installé dans un espace offrant à ses quelque 400 adhérents un bar et un restaurant qui leur sont exclusivement réservés, du lundi au vendredi, de 9 heures à minuit. Le premier mercredi de chaque mois, une soirée conviviale y est organisée.

Pour adhérer, il faut avoir le soutien de deux parrains, puis régler un droit d'entrée de 1 000 € et une cotisation annuelle de 500 €.

→ Président : Claude Bébéar
61, avenue Hoche
75008 Paris
Tél. : 01 71 71 19 77
lerugbyclub.fr

Rugby club toulonnais
(RCT)

Le rugby est arrivé sur les côtes méditerranéennes à la fin des années 1890, et le Rugby club toulonnais est né en 1908. Il gagnera son premier Bouclier de Brennus, trophée qui symbolise la victoire en finale du championnat de France, en 1931, ce que le club réitérera et 1987 et 1992.

Les partenaires du club ont un site dédié : 450 entreprises y sont présentées avec leurs offres spécifiques et un accès privé pour leurs salariés. Tous les partenaires bénéficient en outre de la couverture médiatique du club. Avec 17 millions d'euros, le RCT est l'un des plus gros budgets du Top 14 Orange.

Les objectifs du développement des ressources du club sont d'en faire un acteur majeur du rugby français et européen, de se doter à moyen terme d'un stade moderne, d'arriver à recruter les meilleurs joueurs mondiaux et de gagner ainsi l'attention des médias.

Les offres de partenariat s'échelonnent de 700 € HT (deux personnes pour trois rencontres de la Coupe d'Europe) à 44 000 € HT et plus pour les loges (rencontres du Top 14 Orange et de la Coupe d'Europe).

→ Président du club : Mourad Boudjella
Stade Ange-Siccardi
53, rue Melpomène
83100 Toulon
Tél. : 0892 680 680
rctoulon.com
autourdurct.net

Saint-James Club

C'est au sein d'un hôtel particulier du XIXe siècle, entouré d'un jardin clos, que se niche le Saint-James Club inauguré en 1987. Cette bâtisse abrita pendant près d'un siècle la Fondation Thiers qui accueillait de brillants étudiants. Entièrement rénové en 2010/2011, la décoration met à l'honneur les fastes de l'époque Napoléon III et l'atmosphère feutrée et élégante d'une demeure à la française.

Les membres du Saint-James Club ont accès au restaurant et à une terrasse de 300 m^{2}, au célèbre bar-bibliothèque (les nostalgiques se souviendront de l'émission de Bernard Rapp, *L'Assiette anglaise*, qui y était tournée dans les années 1980), à des salles de réunion et de réception, à un spa et une salle de fitness.

Des animations régulières sont proposées aux adhérents : brunchs avec animations pour les enfants, soirées à thème ludiques ou culturelles... Ils reçoivent une newsletter avec l'actualité du club chaque trimestre et bénéficient d'un site Internet privé. Ils peuvent également profiter de tarifs préférentiels sur le prix des chambres et des suites du Saint-James Paris.

Les 800 membres du Saint-James Club sont des hommes et des femmes d'affaires parisiens. Pour les rejoindre, un parrainage est recommandé. Un droit d'entrée de 1 000 € est demandé. Et les cotisations varient de 1 600 € (adhésion individuelle) à 3 950 € (adhésion entreprise, avec cinq cartes). Le Saint-James Club est affilié à près de 250 clubs privés dans le monde.

→ Président : Yves Monnin
43, avenue Bugeaud / 75116 Paris
Tél. : 01 44 05 81 81 / saint-james-paris.com

Siècle (Le)

À l'origine, une poignée de jeunes gens qui s'étaient rencontrés pendant l'Occupation ont voulu garder le contact et continuer à se voir régulièrement. On était en 1944, à la Libération. Ils étaient sept: Georges Bérard-Quélin (fondateur de la Société générale de presse, toujours entreprise familiale), Alof de Louvencourt (inspecteur des finances), Yvonne Dornès (cofondatrice du Mouvement français pour le planning familial), Georges Bouquet (juriste au ministère des Finances, futur patron des sociétés d'assurance L'Aigle et Le Soleil), Jacques Desmyterre (juriste dans l'industrie textile), Jean Mottin (membre du Conseil d'État), Jean Peytel (avocat). Ils ont très vite convié des amis à leurs dîners, et leurs rendez-vous se sont institutionnalisés. Le Siècle était né.

Très marqués par la faillite des élites et des institutions pendant la guerre, les fondateurs du Siècle ont souhaité réfléchir à de nouvelles institutions, à l'organisation politique, économique et sociale à la Libération. Et ils ont décidé tout de suite de ne pas rendre publique la teneur de leurs débats, de ne jamais rien publier. Ce qui alimente encore l'idée d'un club « secret ». Simplement, ce parti pris initial a toujours été observé.

Une fois par mois, les membres du Siècle, 750 au total aujourd'hui, avec 160 invités, se réunissent pour un dîner dans les salons de l'Automobile club de France, place de la Concorde à Paris. Ils sont chefs d'entreprise, intellectuels, élus de sensibilité de droite comme de gauche, artistes, hauts fonctionnaires, journalistes, magistrats..., peu importent les opinions politiques ou les croyances religieuses.

Le secrétaire général du Siècle, Étienne Lacour (par ailleurs directeur général délégué de la Société générale de presse), se charge d'établir les plans de table, une quarantaine au total, de sept ou huit personnes. Il veille à mêler les genres. Ainsi, un musicien, un préfet, un intellectuel, un chef d'entreprise peuvent se retrouver à une même table. La discussion est libre, un président de table veille à ce que la conversation porte sur un sujet général, et à ce que chacun puisse y participer, s'exprimer et écouter ce que ses convives ont à dire.

Pour rejoindre le cercle tout de même exclusif des membres du Siècle, il faut être parrainé par deux membres du conseil d'administration. Chacun doit avoir eu le statut d'invité avant de prétendre à celui de membre. Le conseil d'administration statue sur les candidatures par un vote à bulletin secret. Il faut obtenir la majorité absolue des voix pour être « élu », sachant qu'une voix « contre » annule deux voix « pour ». Et rejoindre ainsi Bernard Arnault, Patricia Barbizet, Claude Bébéar, Jean-Louis Beffa, Arlette Chabot, Emmanuel Chain, Bertrand Collomb, Michel Debré, Pierre Mendès-France, Jean-Marie Messier, François Mitterrand, Gilles Pélisson, Jean Peyrelevade, Claude Perdriel, Stéphane Treppoz ou Jean-Claude Trichet qui en ont été ou en seraient adhérents.

Nicole Notat, ancienne secrétaire générale de la CFDT, a été élue pour un an présidente du Siècle le 1er janvier 2011. Elle peut être reconduite à son poste pour un maximum de trois mandats. Elle est secondée par deux vice-présidents, Olivier Duhamel, politologue, et Henri Loyrette, P-DG du musée du Louvre. L'équipe est complétée par Marc Tessier, ancien président du groupe France Télévisions, au poste de trésorier.

Le montant annuel de l'adhésion s'élève à 160 €, celui de la participation aux dîners mensuels est de 65 €. Seules les cotisations assurent le fonctionnement de l'association, les excédents budgétaires sont reversés à des associations ayant pour objet l'intérêt général.

→ Présidente : Nicole Notat
Secrétaire général : Étienne Lacour
13, avenue de l'Opéra
75001 Paris
Tél. : 01 40 15 17 89

Société des ingénieurs arts et métiers

La Société des ingénieurs arts et métiers, née en 1846, 66 ans après la création de l'École nationale supérieure d'arts et métiers, regroupe 28 000 « gadzarts », les élèves et anciens élèves d'Arts et métiers ParisTech, nouveau nom de l'école. Ses missions sont d'aider ses membres en cas de difficulté de conseiller les ingénieurs Arts et métiers ParisTech dans leur carrière, de maintenir vivant l'esprit de fraternité et de solidarité qui les anime.

L'association favorise les rencontres entre ingénieurs dans tous les domaines, leur donnant accès à un réseau d'ingénieurs plus vaste que celui propre aux gadzarts : elle est connectée aux réseaux des autres écoles de ParisTech, à ceux des écoles rattachées (ETP, AEN), ainsi qu'à celui du Conseil national des ingénieurs et scientifiques de France (CNISF).

Elle est dotée d'un service Emploi & Carrières qui exerce des activités de conseil, d'orientation, d'information. Celui-ci diffuse des offres d'emploi, met à disposition des informations sur les stages, tests psychotechniques, documentation sur les entreprises, conseils en recrutement et gestion de carrière...

Elle rassemble 61 groupes professionnels chargés de faire le lien avec les secteurs d'activité : aéronautique et espace, métiers du conseil, pétrole/parapétrolier, automobile... Pour ceux qui souhaitent créer ou reprendre une société, le Club entreprise arts et métiers (Clenam) est là pour les orienter ; les créateurs peuvent aussi bénéficier d'un soutien financier. Les groupes ont un site Internet propre qui recense les manifestations organisées par chacun : amgroupes.fr.

La Société des ingénieurs arts et métiers organise de nombreuses conférences ouvertes à un public élargi, qu'elles s'inscrivent dans un cadre professionnel (conférences des groupes professionnels, du Clenam, Rendez-vous d'Iéna, Cercle La Rochefoucauld...) ou se réfèrent à la culture et à la connaissance au sens large (conférences de la Fondation arts et métiers, de l'Académie François-Bourdon, du CCIC de Cluny...).

Elle édite *Arts et Métiers magazine*, un mensuel dédié à la diffusion de la culture scientifique et technologique, avec une grande sélection d'articles consultables en ligne, et l'annuaire de ses adhérents.

Les montants des cotisations sont fonction des cursus suivis et des années de promotion. L'association est ouverte à des membres associés, ceux-ci doivent être parrainés par deux sociétaires qui connaissent le demandeur.

→ Président : Roland Vardanega
9 bis, avenue d'Iéna
75783 Paris cedex 16
Tél. : 01 40 69 27 00
arts-et-metiers.asso.fr

Stade français

Fondé en 1883 par des étudiants du Quartier latin réunis au Procope, le plus vieux café de Paris, le Stade français proposait déjà à ses adhérents de pratiquer l'athlétisme, le football, le rugby, le tennis et le cyclisme. Aujourd'hui, le Stade français, véritable club omnisports, offre 23 activités à ses 12 000 membres.

Quatre sites accueillent les « stadistes » pour pratiquer des activités « de loisir » ou de compétition: athlétisme, badminton, basket-ball, bridge, danse, échecs, escrime, football, golf (à Courson), handball, handisports, hockey sur gazon, judo et jujitsu, natation et natation synchronisée, remise en forme, rugby, ski, squash, tennis, triathlon, voile et volley-ball.

Pendant les vacances scolaires, le club organise des stages d'initiation multisports (acrosport, athlétisme, badminton, basket, judo, squash, tennis...) pour les enfants de 4 à 12 ans, avec une approche ludique et en adaptant la pratique sportive à chaque âge.

Pour adhérer au Stade français, après avoir réglé un droit d'admission (950 €), il faut acquitter une cotisation annuelle variant de 315 € à 3 030 € selon les sports pratiqués et les formules choisies (semaine ou week-end), à laquelle il faut ajouter un droit de jeu pour les golfeurs (200 € ou 900 €).

→ Président : Gille Morin
Stade Géo-André
2, rue du Commandant-Guilbaud
75016 Paris
Tél. : 01 40 71 33 33
stade.fr

Stade toulousain

Né de la diffusion de deux clubs estudiantins, le Stade toulousain voit le jour en 1907. À la même époque, des notables regroupés au sein de l'association les Amis du Stade toulousain achètent le terrain des Ponts-Jumeaux et y financent la construction d'un stade. L'association a toujours pour objet de maintenir ou d'accroître toutes les ressources en terrains ou installations et de les mettre à la disposition du Stade toulousain.

Les plus de 200 membres du Club des partenaires sont invités à participer à différentes manifestations qui leur sont dédiées tout au long de l'année : dîners de début et de fin de saison, déjeuners des partenaires, réunions bimestrielles. Ils sont également conviés tous les premiers jeudis du mois aux « Apéros de Brennus ».

→ Président du club : René Boucastel
Président des Amis du stade toulousain : Henri Foures
Stade toulousain
BP 42354
31022 Toulouse cedex 2
stadetoulousain.fr

Stanford Business Club

(SBC)

Créé à la fin des années 1960, devenu association en 1979, le Stanford Business Club réunit des diplômés, vivant en France, de la Graduate Business School de l'université de Stanford aux États-Unis, dans le double objectif de partage d'expérience entre les anciens et de rayonnement de Stanford en France.

Le SBC organise au minimum un déjeuner par trimestre, dont les débats sont tenus autour de chefs d'entreprise d'horizons variés : Carlos Ghosn (Renault-Nissan), Michel Pébereau (BNP Paribas), Anne Lauvergeon (Areva), Xavier Huilliard (Vinci) ou Henri Lachmann (Schneider Electric). Des petits déjeuners-débats abordent des thèmes économiques : « Stratégie patrimoniale : les meilleurs choix pour 2011 » ; « Gestion de carrière : SBC Alumni et attentes des agents économiques européens ».

Le SBC organise en outre des voyages ou des week-ends, des soirées et des réunions amicales tout au long de l'année : voyage autour de Chinon, week-end golfique dans le Kent, rencontres de tennis ou de golf...

Les cotisations annuelles varient de 70 € (cotisation MBA 2005-2010) à 400 € (société). Tous les adhérents ont accès aux déjeuners auxquels ils peuvent convier des invités moyennant une participation (65 € pour les membres, 75 € pour leurs invités). Les adhérents français sont 350 sur les 2 500 que compte le club en Europe, tous diplômes confondus.

→ Président : Jacques R. Beghain
c/o LBMB
BP 954 / 75829 Paris cedex 17
Tél. : 01 47 66 96 53 / stanford-business-club.asso.fr

SUA LG

(Agen)

Le Club Entreprises du Sporting union Agen Lot-et-Garonne est très dynamique. Il dispose d'espaces réservés au premier étage de la plus récente des tribunes du stade Armandie.

Le Club Entreprises rassemble plus de 350 entreprises de toutes tailles et de tous secteurs d'activité, qui souscrivent à différents niveaux de partenariat. Abonnements à l'année pour un paquet de places en tribune, avec ou sans cocktail d'après-match, ou places en tribune, et réceptions qui les accompagnent. Le prix des « packages » débute à 620 € HT, les partenaires officiels investissant au minimum 60 000 € HT chaque année.

→ Président : Alain Tingaud
Stade Armandie
1, rue Pierre-de-Coubertin
47000 Agen
agen-rugby.com

Syndicat national des entreprises gaies

(Sneg)

Alors que l'épidémie de sida fait des ravages à la fin des années 1980, une poignée de militants gays souhaite obtenir l'autorisation de mettre en place, sans crainte, ni verbalisation, ni fermeture administrative, la distribution de préservatifs et de documents de prévention adaptés à la communauté homosexuelle. C'est en 1990 qu'ils créent un syndicat regroupant les commerces gays pour maintenir la pression sur les pouvoirs publics jusqu'à ce que soit entendue l'urgence de la mise en place de la prévention dans les établissements gays.

Après un combat commun avec les associations de prévention, le Syndicat national des entreprises gaies obtient en 1992 la signature d'une circulaire interministérielle qui a permis la mise en place de la prévention telle qu'on la connaît encore, dans la communauté homosexuelle, mais aussi au-delà.

Le Sneg est divisé en deux départements : le Sneg prévention et le Sneg syndicat. Le premier est un partenaire reconnu par les pouvoirs publics dans la lutte contre le sida, les infections sexuellement transmissibles et la toxicomanie. Le second développe une série d'initiatives et de conseils pour la création et l'exploitation des entreprises, assurant chaque adhérent du relais de son administrateur régional. Auprès des autorités administratives représentant les intérêts de l'ensemble de ses membres, il participe et intervient dans l'élaboration des initiatives et mesures à même d'influer demain sur les modes de vie et de consommation des homosexuels.

Il apporte, au cas par cas, son expérience juridique dans tous les litiges ou contentieux rencontrés avec les pouvoirs publics, riverains, clients, fournisseurs, salariés, et s'engage à défendre chaque adhérent et à lui apporter une solution.

Le Sneg assure la promotion de ses affiliés et valorise l'ensemble du tissu économique gay auprès des médias. Il informe ses adhérents des lois et décrets concernant leurs entreprises. Il diffuse une lettre d'information, mais aussi un annuaire.
Il permet à ses membres diffusant de la musique de bénéficier d'un abattement de 30 % sur les droits Sacem moyennant une adhésion spécifique.

Les demandes d'adhésion doivent être formulées par écrit et sont soumises au bureau du syndicat qui statue. Le montant des cotisations est relatif au chiffre d'affaires de l'entreprise adhérente et varie de 150 € à 1 000 € (40 € pour les associations).

→ Président : Gérard Siad
12, rue des Filles-du-Calvaire
75003 Paris
Tél. : 01 44 59 81 01
sneg.org

Table ovale (La)

La Table ovale est une association créée en 1995 pour permettre la rencontre d'hommes issus de tous les secteurs d'activité avec l'envie de communiquer, en facilitant le rapprochement d'entreprises à la recherche de complémentarité, et ce dans l'idée de servir le club du Toulouse Olympique XIII (TO XIII).

Elle regroupe près de 600 membres, représentant un large éventail de catégories socioprofessionnelles et une grande majorité de décideurs et chefs d'entreprise de Haute-Garonne et Midi-Pyrénées. Ils sont partenaires du club du Toulouse Olympique, selon les possibilités de leurs entreprises. La Table ovale repose sur un esprit de grande convivialité et des valeurs partagées de bienséance et de loyauté dans le respect de la parole donnée.

L'association a un rôle de pilier du TO XIII au niveau économique et comme garant de l'esprit du club et des valeurs qu'il véhicule. Elle réunit chaque mois 250 à 300 compagnons (les membres) et invités à l'occasion d'un repas. Parmi les compagnons d'honneur de la Table ovale, on retrouve Just Fontaine, Jacques Lacassagne, Bernard Laporte, Colin Love ou Jacques Onesta.

Pour rejoindre les compagnons de la Table ovale, il faut être parrainé par deux d'entre eux, qui s'engagent sur la moralité du candidat. Il leur appartient de lui expliquer les règles de fonctionnement de l'association. Le nouveau compagnon est présenté à l'occasion de l'un des repas mensuels, devient membre à part entière de l'association et s'engage à être partenaire du Toulouse Olympique XIII.

→ Président : Carlos Zalduendo
107, avenue Frédéric-Estèbe / 31200 Toulouse
Tél. : 05 61 57 80 00 / to13.com

Table ronde française (La)
(TRF)

La Table ronde a pour but de favoriser le rapprochement entre de jeunes hommes responsables exerçant des professions différentes. Fondée en 1926, l'idée de la Table ronde est née lors d'une réunion du Rotary Club de Norwich, en Angleterre, quand Louis Marchesi fit un exposé sur « ce qu'on ressent à 27 ans... ». La Table ronde française est née en 1950, avec la création de la Table ronde de Paris (TRP). Louis Marchesi y était présent, avec 250 autres *tablers* venus de sept pays.

La devise de la TRF est « Adopte, adapte, améliore » : adopter des règles essentielles, les adapter au tempérament propre à chaque pays ou chaque club, rechercher sans cesse à améliorer le club et soi-même. La Table ronde permet de rencontrer, lors des réunions, toutes sortes de personnalités, dirigeants d'entreprise, élus locaux, artistes... Elle invite chacun de ses membres, par leur exemple, à assurer le prestige de leur profession, de leur fonction ou de leur occupation, et à en faire connaître aux autres sa valeur propre.

Chaque club se réunit deux fois par mois pour organiser les actions, qu'elles soient locales ou nationales : les Voiles de l'espoir, manifestation nationale qui réunit tous les deux ans 50 voiliers et 400 bénévoles pour offrir une semaine d'évasion à une centaine d'enfants en rémission de cancer. Ils participent aux Pistes de l'amitié, découverte du désert au volant d'un 4×4 en réalisant des actions à caractère humanitaire. Ils soutiennent l'orphelinat Akany-Solofo à Madagascar grâce à des dons, et s'associent à l'Établissement français du sang pour favoriser les dons de sang, de plasma et de plaquettes.

La TRF fait partie d'une fédération d'associations partageant la même éthique appelée « Quatalagor » :

- Club Quarante et un, ouvert aux hommes de plus de 40 ans, issus pour l'essentiel de la Table ronde française dont il est la suite logique ;
- Table ronde française ;
- Ladies' Circle France, le pendant féminin de la TRF avec une limite d'âge à 45 ans ;
- Agora Club, les membres anciens du Ladies' Circle (plus de 45 ans), des épouses de membres du Club 41 et des amies partageant les mêmes valeurs et le même idéal d'amitié.

Aujourd'hui, la Table ronde française comprend 262 clubs en France répartis en 23 régions ; 3 300 membres liés par la liberté, la responsabilité, l'enthousiasme et l'amitié, et compte dans le monde 45 000 membres dans 65 pays. Pour la rejoindre, il faut se rapprocher d'un club qui conviera le candidat à assister à une réunion. Après avoir participé à plusieurs d'entre elles et montré un intérêt certain, l'adhésion pourra alors être envisagée.

→ Président national : Dominique Lemaire
18, rue Berthollet
75005 Paris
Tél. : 01 45 87 19 95
tablerondefrancaise.org

Tennis club de Paris (Le)
(TCP)

Fondé en 1895 par un groupe de copains polytechniciens, le Tennis club de Paris a été le berceau du tennis français. Le TCP est le premier club français à proposer à ses membres des courts couverts. Il a vu se succéder sur ses courts des générations de champions d'hier tel Jean Borotra, et ceux d'aujourd'hui comme Amélie Mauresmo, Sébastien Grosjean, Jérôme Haehnel, Alexandre Sidorenko ou Jo-Wilfried Tsonga.

Le TCP dispose de dix-huit courts, neuf en terre battue, et neuf *green set* dont la configuration évolue avec les saisons. Du 1er octobre au 15 avril, quatorze courts sont couverts; du 16 avril au 30 septembre, ils ne sont que huit.

En plus du tennis, le club met à la disposition de ses affiliés une piscine, une salle de fitness, une salle de cardio-musculation, un espace lounge, une salle de bridge et un restaurant-bar avec deux terrasses. Tout au long de l'année, le club organise des soirées à thème: la soirée des équipiers, des soirées musicales, la fête du club. Tous les deux ans, à l'occasion du Show du TCP, les membres peuvent laisser exprimer leurs talents artistiques.

Pour adhérer au Tennis club de Paris, il faut acquitter un droit d'entrée (de 270 € à 1 470 € selon les années de naissance; un droit d'entrée « famille » s'élève à 2 730 €, valable pour les parents et leurs enfants de moins de 15 ans) et une cotisation annuelle (1er octobre-30 septembre). Différents statuts sont proposés: membre actif et membre honoraire (de 510 € à 1 435 € selon les formules et les années de naissance). Les statuts semainier et scolaire permettent des accès limités (cotisations entre 500 € et 2 280 €).

→ Président : Jean-François Alcan
15, avenue Félix-d'Hérelle
75016 Paris
Tél. : 01 46 47 73 90
tennisclubdeparis.fr

Terra Nova

Terra Nova est un *think tank* progressiste indépendant ayant pour but de produire et diffuser des solutions politiques innovantes, en France et en Europe.

La fondation Terra Nova se fixe trois objectifs prioritaires :

- favoriser la rénovation intellectuelle de la social-démocratie. Elle veut contribuer à la refondation de la « matrice idéologique » de la gauche progressiste et à la promotion de ses idéaux ;
- produire de l'expertise et des solutions politiques opérationnelles. Elle veut formuler des propositions concrètes au profit des leaders politiques, des élus nationaux et locaux, ainsi que de tous ceux qui mettent en œuvre des politiques publiques ;
- inscrire son action dans un réseau européen et international de *think tanks* progressistes. Elle veut s'inspirer des réussites et des bonnes pratiques de ses partenaires européens, participer à l'influence intellectuelle de la France en Europe et contribuer à faire émerger une doctrine progressiste européenne.

Plus généralement, Terra Nova contribue à l'animation du débat démocratique, à la vie des idées, à la recherche et à l'amélioration des politiques publiques. Elle popularise les idées politiques et les grands enjeux du monde contemporain. Elle est dirigée par un conseil d'administration dont les membres sont issus du monde des idées, de l'entreprise, du milieu associatif et de l'administration.

Terra Nova s'est dotée d'un conseil d'orientation, présidé par Michel Rocard, qui a la charge de la qualité scientifique des travaux de la fondation. Huit groupes de travail sont constitués sur des sujets allant du capitalisme financier à la bioéthique, en passant par la justice ou le sport. Les travaux font l'objet de publications sous forme de comptes rendus, de notes, de dossiers ou d'essais.

Au total, 1000 experts, issus de la société civile, de l'entreprise, de la politique, universitaires, sociologues, responsables syndicaux ou associatifs, contribuent à la réflexion, chacun dans son domaine.

→ Président : Olivier Ferrand
66, avenue des Champs-Élysées
75008 Paris
Tél. : 01 58 36 15 20
tnova.fr

Travellers (The)

Quelques membres du club londonien éponyme et quelques notables américains et français ont créé The Travellers à Paris en 1903. À l'origine, une agence de voyages commune aux deux clubs et, à Paris, un cercle de jeu, dont certains interdits à Londres (comme le chemin de fer). Les fondateurs ont tout de suite acheté l'hôtel particulier de la Païva (construit entre 1855 et 1966), aujourd'hui intégralement classé aux Monuments historiques. Les membres du Travellers sont toujours très attachés à la beauté du lieu.

Au début du XXe siècle, les adhérents étaient pour un tiers anglais, pour un tiers américains, le dernier tiers d'autres nationalités, incluant les Français. Le club était à tel point international que, durant les cinquante premières années, ses présidents étaient soit anglais, soit américains. Aujourd'hui, ils sont pour moitié français résidant en France, et pour moitié étrangers, principalement anglo-saxons. The Travellers reste le plus international des clubs parisiens (ses deux vice-présidents sont d'ailleurs anglais et américain).

Les quelque 730 membres apprécient l'ambiance typiquement *city club*: pas d'installation sportive ni autre agrément à leur disposition. Ils (ce ne sont que des hommes) viennent déjeuner, lire la presse nationale et internationale, prendre un verre, parfois dîner ou assister aux soirées organisées (vénerie, œnologie...), entre eux ou avec leurs invités (les femmes sont acceptées dès lors qu'elles accompagnent un membre). Certains salons sont exclusivement réservés aux adhérents.

Pour rejoindre ce club confidentiel (pas de site Internet, pas de magazine interne, et même l'annuaire ne contient que les noms, dates d'admission et nationalité des membres), il convient de présenter deux parrainages. Le nom du postulant est affiché pendant un mois, ensuite le vote du comité d'admission est décisif : une boule noire parmi les blanches et c'est le refus, d'où l'expression blackbouler.

Le droit d'entrée équivaut au montant d'une année de cotisation, actuellement de 1 660 € pour les membres résidents. Pour les adhérents habitant à plus de 500 km de Paris, la cotisation est réduite à 1 140 €.

→ Président : Baron Gérard de Waldner
25, avenue des Champs-Élysées
75008 Paris
Tél. : 01 43 59 75 00

Unilever Club

Donner aux anciens cadres d'Unilever des moyens aussi efficaces que sympathiques de nouer ou renouer des liens amicaux ou professionnels. Faciliter la fédération des amitiés et des expériences, les échanges d'informations, les contacts utiles, ouverts et humains, et générer l'esprit de solidarité et d'entraide dans les périodes difficiles. Valoriser le sentiment d'une culture commune qui unit les anciens, au cours de rencontres amicales, culturelles, ludiques et professionnelles, et avec le soutien d'un annuaire réédité tous les ans et d'une lettre trimestrielle. Tels sont les objectifs qui unissent les membres de l'Unilever Club.

L'Unilever Club, créé en 1958, s'adresse à des personnes partageant des valeurs communes (écoute, respect et « service ») et s'inscrivant dans un projet dynamique. Leur motivation principale est l'appartenance à une communauté, où l'échange doit engendrer un enrichissement professionnel et personnel qui maximise l'utilité de chacun pour l'ensemble.

Comptant sur une participation active de tous, environ 300 membres, chacun pourra donner, recevoir et ainsi transformer les réunions du club en autant d'occasions de rencontrer des spécialistes de métiers et secteurs variés, de donner ou recevoir des conseils d'orientation, d'aider à prendre des décisions importantes dans la vie professionnelle ou personnelle, de découvrir d'autres secteurs d'activité. Le tout sur le principe du « *connecting* & *rewarding* ».

L'association est animée par un bureau qui se réunit tous les mois pour organiser la vie du club (informations, événements...). Une newsletter mensuelle est envoyée, permettant de garder le lien entre les membres. Un annuaire est édité chaque début d'année et diffusé auprès des chasseurs de têtes, la version en ligne est réservée aux membres. Des soirées thématiques (*connecting*, solidarité, innovation...) et des manifestations culturelles (expositions, concerts...) sont organisées tout au long de l'année.

Pour rejoindre l'Unilever Club, il faut avoir passé deux ans dans une fonction cadre au sein du groupe Unilever, quel que soit le pays, être parrainé par un membre, et acquitter l'adhésion annuelle qui s'élève à 70 €.

→ Président : Laurent Chastain
unilever-club.fr

Union des patrons et professionnels juifs de France (UPJF)

L'Union des patrons et professionnels juifs de France a été créée en 1997 par Claude Barouch et quelques patrons, chefs d'entreprise, professions libérales ou commerçants.

Son objectif majeur est de devenir une force de proposition politique, un interlocuteur des pouvoirs publics et de la société civile, en particulier pour les sujets qui se rapportent à la lutte contre l'antisémitisme, à la défense de l'image d'Israël en France, aux problématiques économiques touchant les chefs d'entreprise, au développement des relations économiques entre les entreprises françaises et israéliennes.

Dans cette optique, l'UPJF exprime sa position par le biais de communiqués et la diffusion de l'*UPJF magazine*. Elle organise des conférences, des tables rondes, des dîners mensuels, un colloque annuel. Elle y reçoit des personnalités comme Élie Yishaï, ministre de l'Intérieur et vice-premier ministre d'Israël, le général Gaby Eshkenazi, chef d'état-major israélien, Anne Hidalgo, première adjointe au maire de Paris, ou Frédéric Lefèvre (alors porte-parole du gouvernement français). Des dîners-débats sont également organisés en province. Et quand l'actualité le nécessite, l'UPJF organise des manifestations de soutien.

Pour rejoindre l'UPJF, il faut être parrainé et acquitter une cotisation annuelle de 180 € pour les professions libérales,

les salariés et les retraités ; 480 € pour les commerçants et les chefs d'entreprise ; 1 196 € pour les membres de soutien.

→ Président : Richard Portugais
12, rue Notre-Dame-des-Victoires
75002 Paris
Tél. : 01 47 63 07 10
upjf.org

Vieilles tiges d'hier et de demain (Les)

Association amicale de pionniers, pilotes et amis de l'aviation, les Vieilles tiges d'hier et de demain ont fêté leur quatre-vingt-dixième anniversaire en 2010. C'est la plus ancienne association aéronautique française après l'Aéro-club de France. Ses objectifs étaient à l'origine de propager le goût de l'aviation et illustrer le rôle de la France, berceau aéronautique, dans l'évolution des choses de l'air et de l'espace, d'entretenir une caisse de secours destinée à venir en aide aux membres de l'association, et d'assurer entre ses membres un soutien moral réciproque.

Plusieurs groupements régionaux se sont constitués au fil des ans. Ils participent à l'ensemble des activités nationales et organisent indépendamment des réunions, conférences ou visites; ils sont aujourd'hui treize répartis dans toute la France.

Les Vieilles tiges éditent *Pionniers*, une revue trimestrielle disponible sur abonnement (21 €).

Pour rejoindre les Vieilles tiges, il faut détenir ou avoir détenu un brevet de navigant, planeur, ULM, avion, ballon... L'ancienneté du brevet définit le statut de membre actif (moins de 30 ans de brevet) ou membre pionnier (plus de 30 ans de brevet). La cotisation annuelle s'élève à 50 €. Sont membres associés (cotisation à 15 €) les veuves, les ascendants ou descendants de membres de l'association, et des personnes qui ont particulièrement œuvré pour le développement de l'aéronautique.

→ Président : Roger Routin
228-230, rue Lecourbe (angle rues de Javel et Cournot)
75015 Paris
Tél. : 01 40 28 00 16 / vieillestiges.com

Villa Primrose

La Villa Primrose a été fondée en 1897 par un groupe de Bordelais passionnés de tennis, sous l'impulsion du président Édouard Lawton. Ses installations ont été aménagées autour de la villa Primrose, une demeure bourgeoise de la banlieue bordelaise, à Caudéran.

En 1924, une équipe de hockey sur gazon est constituée afin de permettre l'entraînement physique des joueurs de tennis pendant la mauvaise saison. À cette époque, le club ne dispose que d'un court en ciment, et, l'hiver, le terrain est rendu inutilisable par le gel. Le club reçoit régulièrement les meilleurs joueurs, notamment Suzanne Lenglen, et des compétitions prestigieuses comme un match de la Coupe Davis ou des rencontres internationales. Si le tennis demeure l'activité sportive principale de Primrose, le club propose d'autres disciplines : escrime, tennis de table, hockey sur gazon...

Aujourd'hui, les équipements se composent, autour du club-house rénové en 1995, de dix-huit terrains – trois en *quick*, quinze en terre battue – implantés dans un ensemble immobilier de près de trois hectares, propriété de la ville de Bordeaux. Depuis 2003, sept courts en terre battue sont couverts (cinq en salle, deux sous une structure gonflable). Quatre courts sont éclairés (deux en *quick*, deux en terre battue), permettant aux membres du club de pratiquer en soirée.

Côté hockey, Primrose dispose depuis 2005 d'un nouvel aménagement avec un terrain synthétique et d'une salle pour l'hiver.

La Villa Primrose fait partie des rares clubs centenaires de tennis (Centenary Tennis Clubs), ils sont cinq en France.

Cette appartenance lui permet d'échanger avec plus de 50 autres clubs dans le monde, des voyages étant organisés spécifiquement entre les adhérents.

Les cotisations annuelles s'élèvent à 890 € pour les joueurs de tennis de plus de 30 ans. Des tarifs dégressifs selon l'âge vont de 40 € à 485 €. Les enfants de moins de 15 ans ne peuvent être inscrits que si l'un des parents est lui-même membre cotisant.

Pleine ligne est le journal de la Villa Primrose, trimestriel, diffusé auprès des plus de 2 000 adhérents.

→ Président : Bernard Dupouy
81, rue Jules-Ferry
33200 Bordeaux
Tél. : 05 56 08 00 18
villaprimrose.com

Wine & Business Club
(WBC)

Fondé il y a vingt ans par Alain Marty, le Wine & Business Club est aujourd'hui le premier réseau européen de chefs d'entreprise et professions libérales amateurs de vin. Les 2 460 membres des 13 clubs sont répartis dans 11 villes.

À Paris, les 3 soirées mensuelles du Wine & Business Club réunissent plus de 1 200 dirigeants, soit à l'Hôtel Le Bristol soit au Pavillon Ledoyen. Les manifestations débutent à 18 heures par une conférence sur un thème économique (LBO, Bourse, *green business*...), et se poursuivent par une dégustation de vins et champagnes en présence des vignerons.

À 20 heures, un débat est organisé en présence de deux personnalités : Christine Lagarde, Patricia Barbizet, Jean-Claude Trichet, Henri Lachmann, Anne-Marie Idrac, Henri de Castries, Geoffroy Roux de Bézieux, Charles Beigbeder, Baudoin Prot, Matthieu Pigasse, Louis Gallois, Christophe de Margerie, Jacques Attali, Xavier Fontanet, Gilles Pélisson... La soirée s'achève par un dîner gastronomique, orchestré par Éric Frechon à l'Hôtel Le Bristol ou par Christian Le Squer au Pavillon Ledoyen. Les deux chefs parisiens sont auréolés de trois macarons au Guide Michelin.

À l'image des soirées organisées à Paris, les manifestations du Wine & Business Club de province et des capitales européennes sont exclusivement réservées aux membres du club et à leurs invités. Elles se déroulent tous les mois dans des hauts lieux de la gastronomie.

L'adhésion au Wine & Business Club Paris est exclusivement *corporate*. Pour adhérer, il convient d'être dirigeant d'entreprise, de bénéficier d'un parrainage et d'acquitter un droit d'entrée (750 € HT). Ensuite, deux formules d'adhésion annuelle sont proposées.

La formule « Duo » permet de venir accompagné d'un invité à chaque soirée du WBC Paris. Elle s'élève à 4 900 € HT par an. La formule « VIP » permet de convier jusqu'à quatre personnes à chaque soirée et s'élève à 9 900 € HT par an. Les adhérents peuvent venir accompagnés d'invités supplémentaires, dans la limite des places disponibles, et moyennant une participation qui s'élève à 225 € HT par personne.

L'adhésion au Wine & Business Club donne également accès à la Bacchus Golf Cup, à de nombreuses invitations privilèges (voyages dans les vignobles, ventes privées...), et permet de recevoir le *Magazine du Wine & Business Club* deux fois par an.

L'ambition du Wine & Business Club est de continuer à s'implanter dans de nouvelles villes, pour compter, à terme, 20 clubs en France, 50 en Europe et 100 dans le monde.

→ Wine & Business Club
28, rue Pasquier
75008 Paris
Tél. : 01 42 89 14 14
winebusinessclub.fr

WBC Paris
Président : Alain Marty
Hôtel Le Bristol
112, rue du Faubourg-Saint-Honoré
75008 Paris

WBC Paris
Président : Alain Marty
Carré des Champs-Élysées
1, avenue Dutuit
75008 Paris

WBC Marseille
Président : Jacques Lecat
Sofitel Marseille Vieux-Port
36, boulevard Charles-Livon
13007 Marseille

WBC Reims
Président : Gérard Chemla
Domaine Les Crayères
64, boulevard Henry-Vasnier
51100 Reims

WBC Lyon
Président : Bruno Alart
Restaurant Philippe Gauvreau
Le Pavillon de la Rotonde
3, avenue Georges-Bassinet
69260 Charbonnières-les-Bains

WBC Toulouse
Président : Jean-Paul Barés
Les Jardins de l'Opéra
1, place du Capitole
31000 Toulouse

WBC Bordeaux
Présidente : Sylvie Cazes
Le Chapon Fin
5, rue Montesquieu
33000 Bordeaux

WBC Monte-Carlo
Président : Guy Thomas Lévy-Soussan
Hôtel de Paris
Place du Casino
98000 Monaco

WBC Genève
Président : Gilbert Farina
Hôtel Beau-Rivage
13, quai du Mont-Blanc
2101 Genève - Suisse

WBC Tours
Restaurant Charles Barrier
101, avenue de la Tranchée
37100 Tours

WBC Strasbourg
Président : Philippe Weiss
Au Crocodile
10, rue de l'Outre
67000 Strasbourg

WBC Rennes
Président : Thierry Dulion
Le Coq Gadby
156, rue d'Antrain
35700 Rennes

Women's Forum for the Economy and Society (The)

(Wefcos)

Fondé en 2005, le Women's Forum for the Economy and Society est dédié à la construction d'un monde plus équilibré pour tous. Le Forum est une plateforme de débats, d'échanges, de réflexion et d'action permettant aux femmes de s'exprimer sur toutes les questions majeures auxquelles doivent faire face nos sociétés.

Le Wefcos s'appuie sur quatre valeurs: le progrès par la diversité, la réconciliation des antagonismes, la transformation par l'exemplarité, la connexion permanente avec les réalités du terrain. Il ambitionne de devenir le premier forum mondial, indépendant et d'inspiration féminine. Il veut être une plateforme de référence, être exemplaire dans l'application des valeurs promues pour son propre fonctionnement et universel dans la promotion de ces valeurs, et offrir une expérience individuelle et concrète à chacun en favorisant le questionnement.

Un *Global Council*, coprésidé par Anne Lauvergeon (Areva) et Carlos Ghosn (Renault-Nissan), se réunit deux fois par an pour contribuer aux orientations stratégiques et au contenu du Forum et faire des recommandations sur son positionnement international.

En octobre 2011, se tiendra la septième édition du Women's Forum Global Meeting sur le thème « *What if* ? ». Il rassemble 1 200 participants, cadres de haut niveau, représentant plus de 70 nations.

→ Présidente : Véronique Morali
59, boulevard Exelmans
75781 Paris cedex 16
Tél. : 01 58 18 62 00
womens-forum.com

Yacht club de France

Fondé en 1867 avec le haut parrainage de l'empereur Napoléon III, le Yacht club de France a pour vocation de concourir au développement de la navigation de plaisance sous toutes ses formes, et de défendre et promouvoir, en croisière comme en course, les valeurs de solidarité, de courtoisie et d'élégance morale qui animent tous les gens de mer.

Les salons du Yacht club de France accueillent de multiples manifestations : cocktails mensuels, conférences, entretiens, PC de compétitions, réunions de clubs ou d'institutions à vocation maritime. Le club organise la Coupe de France du Yacht club de France, la Coupe de printemps du Yacht club de France et la Coupe d'automne du Yacht club de France, course de liaison entre les Régates royales à Cannes et les Voiles de Saint-Tropez. En outre, il dote de trophées et de coupes les régates qu'il parraine.

Le Yacht club de France décerne le Dauphin d'or, prix littéraire couronnant un ouvrage historique ou de fiction en relation avec le monde maritime, et le prix du Conseil, attribué en reconnaissance d'un exploit, individuel ou collectif, ou d'une action remarquable dans le domaine de la navigation de plaisance ou du patrimoine maritime.

L'admission au sein du Yacht club de France ne se sollicite pas, mais se mérite, par l'intermédiaire de deux parrains. Propriété d'un yacht, petit ou grand, reconnaissances civiles, citoyennes ou militaires, ne font pas partie des critères d'élection. Seules importent l'adhésion aux valeurs que défend le club et la volonté de « servir » pour les défendre, en mer comme à terre. Le mérite d'une candidature est présenté par les parrains à l'examen de la commission de l'intérieur qui la soumet au conseil. Être membre implique de maintenir ces valeurs. Jules Verne déjà, mais aussi Virginie Hériot, Alain Gerbault, le commandant Charcot ou Éric Tabarly ont porté les couleurs du Yacht club de France.

→ Président : Philippe Court
41, avenue Foch
75116 Paris
Tél. : 01 47 04 10 00
ycf-club.fr

Young President Organization
(Ypo)

Institution pourtant discrète, la Young President Organization, associée à son organisation sœur la World President Organization (WPO), avec plus de 17 000 membres dans le monde et une présence dans plus de 110 pays, est la plus grande organisation au monde de chefs d'entreprise.

Elle rassemble des dirigeants d'entreprise de toutes sortes et de toutes tailles, à vocation internationale comme nationale. Son but affiché est de permettre à ses membres de « progresser en tant que dirigeant d'entreprise par la formation et l'échange ». Ypo cherche à dépasser les traditionnels clivages géographiques, culturels ou politiques pour se concentrer sur ses membres « dirigeants d'entreprise » et leur offrir des espaces de rencontres et d'échanges entre « patrons » de tous horizons sur leurs problématiques individuelles et communes, et ce exclusivement entre pairs.

Ypo est composé de chapitres régionaux qui comptent de 40 à 120 membres, eux-mêmes divisés en forums. Le forum est un groupe d'une dizaine de membres se réunissant mensuellement, et fonctionnant comme un conseil d'administration qui comprend des confrères dirigeants d'entreprise. Son but est d'offrir à chacun un espace de confidentialité et d'écoute unique où exposer ses problèmes, réflexions, tester ses réponses, développements...

Les membres sont amenés à se rencontrer très régulièrement lors d'événements internationaux organisés par les différents chapitres sur des sujets couvrant un spectre très large, culturel, professionnel ou même familial, tels que

« *Doing business in India* » (Ypo Mumbaï); « *Peace in the Middle East* » (Ypo Jordan); « *Finance & capital Markets* » (Ypo New York); « *Meeting Turkey* » (Ypo Istanbul)... Plusieurs dizaines d'événements sont organisés chaque année, faisant intervenir des personnalités du monde politique, Bill Clinton, Nelson Mandela, le dalaï-lama, Pervez Mucharav, ou de l'entreprise, Richard Branson, Julian Assange...

La conférence annuelle Ypo, qui réunit environ 1 500 membres, a été qualifiée par CNBC de « Davos des entreprises de taille moyenne ». Ces rencontres ne sont ouvertes qu'aux adhérents, et sont des lieux privilégiés de rencontres avec les acteurs locaux de la politique et des affaires. Parallèlement, Ypo favorise la constitution de « *Networks* internes », selon les centres d'intérêt de ses membres, tels que *Family Business, Real Estate Industry, Doing Business with China, the Women International Network, Scubadiving, Peace Action, the Pilot Network, Wine & Golf, Art Investment, Microfinance, Humanitarian Action...*

Enfin, Ypo offre à ses membres des systèmes de communication exclusifs, permettant de contacter personnellement et en toute confidentialité un confrère brésilien ou allemand, américain ou indien. Ypo publie chaque trimestre son indicateur de l'état d'esprit des dirigeants d'entreprise, le *Global Pulse*. Cet indicateur est le seul à être renseigné directement par les dirigeants des milliers d'entreprises concernées dans le monde entier. Son éclairage est donc très original.

Très actif depuis de nombreuses années, le chapitre parisien organise, exclusivement pour ses affiliés, de nombreuses rencontres en comité réduit d'une vingtaine de participants avec les plus grands patrons, sur la base de l'échange d'expériences. Ces chefs d'entreprise sont souvent eux-mêmes membres des différents chapitres internationaux du Ypo. Il participe aussi au développement de l'entreprenariat en France en offrant à des créateurs d'entreprise en croissance un accès à des pairs. En 2011, Ypo Paris est l'un des parrains du prix de l'Entrepreneur décerné par l'Insead.

Les critères d'adhésion au Ypo Paris sont de trois ordres. La fonction : Ypo n'est ouvert qu'à des dirigeants effectifs d'entreprise, présidents ou directeurs généraux des institutions concernées. L'âge : Ypo accepte uniquement des dirigeants de moins de 45 ans. Passés 50 ans les membres du Ypo deviennent automatiquement membres de WPO et ce aussi longtemps qu'ils le désirent. L'entreprise : elle doit avoir un minimum de 50 employés, et un chiffre d'affaires supérieur à 10 millions de dollars. Ces critères ne sont néanmoins pas exclusifs, Ypo demeurant une organisation qui privilégie la qualité de ses membres, excluant les aspects uniquement quantitatifs.

Le coût de l'adhésion annuelle est d'environ 3 000 €.

→ Ypo Paris
Président : Jean-Louis Juchault
jean-louis@juchault.com

Ypo International
ypo.org

Zonta International, Zonta France

Le Zonta International a été fondé en 1919 à Buffalo, aux États-Unis. C'est une organisation internationale qui regroupe des femmes – et des hommes – du monde entier, exerçant des responsabilités professionnelles dans les secteurs économique, culturel, artistique ou social. Le premier club français a été créé à Paris en 1950.

Les membres du Zonta International (le mot signifie « digne de confiance », « honnêteté » en amérindien) mettent leur expertise au service d'un objectif : rendre les femmes autonomes par l'éducation (alphabétisation, éducation à la santé, aux droits humains) et par la formation technique (artisanat, commerce, agriculture, microfinance).

Le Zonta International a conduit des actions de service pour plus de deux millions de femmes dans 35 pays, en Afrique, Asie, Amérique du Sud. Ces dernières années notamment, au Sri Lanka, en Afrique du Sud, au Niger, au Burkina Faso, en Uruguay... Parmi les actions, on peut noter : information des femmes pour lutter contre la propagation du sida ; fourniture de services de santé dans le domaine de la médecine prénatale et de l'obstétrique ; formation au *leadership* ; mise en œuvre, grâce au microcrédit, de projets personnels permettant aux femmes de sortir de la pauvreté. Le Zonta International participe également à la lutte contre les violences faites aux femmes et aux enfants. Depuis près de 15 ans, le Zonta a conduit des actions dans plus de 20 pays : Inde, Cambodge, Guatemala, Haïti...

Le Zonta International comprend plus de 1 250 clubs locaux, eux-mêmes regroupés en zones géographiques appelées districts. En 2010, on comptait 32 districts, regroupant près de 70 pays et rassemblant plus de 30 000 membres sur les cinq continents. La France est divisée en trois grandes zones géographiques, rattachées à trois districts.

Les activités et actions communes des clubs français concernent la lutte contre l'illettrisme et les droits de l'enfant. Les clubs français gèrent également des bourses musicales, attribuées à de jeunes talents, et des bourses « Performance », dans les domaines intellectuel, manuel, artistique ou sportif, dans le but d'aider des jeunes femmes (moins de 30 ans lors du dépôt de dossier) à réaliser un projet professionnel dans un domaine à dominante masculine, et de reconnaître l'excellence d'un projet professionnel et la volonté de le concrétiser.

→ Contact : Nicole Herb
zonta.nh@wanadoo.fr
zontaclubsfrance.org

Annexes

Classement des clubs par thèmes fédérateurs

Art de vivre

Aéro-club de France
Aïda
Association pour le rayonnement de l'Opéra de Paris (Arop)
Automobile club de France
Cercle du Jockey Club
Cercle Saint-Germain-des-Prés et Saint-Sulpice (Castel)
Club de la Maison de la chasse et de la nature
Club des amateurs de cigares de havane (Cach)
Club des Cent
Club des croqueurs de chocolat
Club des goûteurs de caviar
Club L
Confrérie du vin de Suresnes
French Jaguar Driver Club
Harley Owners Group (HOG)
Lounge Cigare Club
Mensa France
Saint-James Club
Wine & Business Club

Caritatif

Lions Clubs International France
Ordre de Malte France
Rotary International
Zonta international, Zonta France

Chambres de commerce et d'industrie

Association France-Québec
Chambre de commerce France-Canada
Chambre de commerce suédoise en France
Cercle suédois
Chambre officielle de commerce d'Espagne en France (Cocef)
Réseau Entreprendre

Écoles

Amicale ISAE Supaéro Ensica
Association amicale des anciens élèves de l'École nationale supérieure des Mines de Paris (Mines ParisTech Alumni)
Association des anciens élèves de l'École alsacienne
Association des anciens élèves de l'École des Roches et du Collège de Normandie
Association des anciens élèves de l'École nationale d'administration (AAEENA)
Association des anciens élèves de l'École nationale des ponts et chaussées (Ponts Alliance-Ponts ParisTech Alumni)
Association des anciens élèves de l'EDC (Force EDC)
Association des anciens élèves de l'IAE de Paris-Sorbonne (AAE IAE - IAE de Paris Alumni)
Association des anciens élèves de l'Ipag
Association des anciens élèves de l'université Paris-Dauphine
Association des anciens élèves diplômés de l'École polytechnique (AX)
Association des anciens élèves, élèves et amis de l'École normale supérieure (A-Ulm)
Association des centraliens
Association des diplômés de l'EM Lyon (EMLyon forever)
Association des diplômés de Télécom ParisTech (Télécom ParisTech Alumni)
Association des diplômés du groupe Essec (ADGE)

Association des diplômés HEC
Association des Edhec
Association des ingénieurs diplômés de l'ESTP (Sid-ETP)
Association des Sciences-Po (Alumni Sciences-Po)
Association ESCP-Europe Alumni
Assocation internationale des anciens Roséens
Association « Les Supélec »
Grandes écoles au féminin (GEF)
Insead Alumni Association France
ISG Alumni
Société des ingénieurs arts et métiers

Économie

Acsel
Association des auditeurs en intelligence économique de l'IHEDN
Association des moyennes entreprises patrimoniales – Syndicat des entreprises à taille intermédiaire (Asmep-ETI)
Association française des entreprises privées (Afep)
Association française des marchés financiers (Amafi)
Association Paris-Europlace
Bulle (La)
Cercle des économistes
Club des entrepreneurs de la Gironde (CDE)
Club Horizons
Club Ivy
Confédération générale des petites et moyennes entreprises (CGPME)
CroissancePlus
Dirigeants commerciaux de France (DCF)
Fédération des entreprises et entrepreneurs de France (Feef)
Fédération Femmes 3000

Femmes chefs d'entreprise (FCE France)
Financi'Elles
HaOui
Jeune Chambre économique française (La) (JCEF)
Medef, Mouvement des entreprises de France
MiddleNext
Mouvement chrétien des cadres et dirigeants (MCC)
Syndicat national des entreprises gaies (Sneg)
Entreprise & Rugby
Wine & Business Club

Sport

AJ Auxerre (Aja)
Ambassadeurs de l'Usap à Paris (Les)
ASM Clermont-Auvergne
Biarritz olympique Pays basque
Cercle de la mer
Cercle de la voile de Paris
Cercle des nageurs de Marseille (CNM)
Cercle du Jockey Club
Club La Pelle
Entreprise & Rugby
Golf de Joyenval
Golf de La Boulie
Golf de Morfontaine
Golf de Saint-Cloud
Golf de Saint-Nom-la-Bretèche
Harley Owners Group (HOG)
Paris Country Club
Paris Saint-Germain (PSG)
Polo de Paris
Pyramides (Les)
Racing club de France
Racing Métro 92
Ritz Health Club

Rugby Club (Le)
Rugby club toulonnais (RCT)
Stade français
Stade toulousain
SUA LG (Agen)
Tennis club de Paris
Yacht club de France

Think tank

Centre d'étude et de prospective stratégique (Ceps)
Cercle des économistes
Club Ivy
Entreprise et progrès
Fondation pour l'innovation politique (Fondapol)
Institut Aspen France
Institut Montaigne
Terra Nova

Classement des clubs par résonances géographiques

International

Amicale ISAE Supaero Ensica
Association amicale des anciens élèves de l'École nationale supérieure des Mines de Paris (Mines ParisTech Alumni)
Association des centraliens
Assocation des anciens élèves de l'École des Roches et du Collège de Normandie
Association des anciens élèves de l'École nationale d'administration (AAEENA)
Association des anciens élèves de l'École nationale des ponts et chaussées (Ponts Alliance-Ponts ParisTech Alumni)
Association des anciens élèves de l'EDC (Force EDC)
Association des anciens élèves de l'IAE de Paris-Sorbonne (AAE IAE - IAE de Paris Alumni)
Association des anciens élèves de l'Ipag
Association des anciens élèves de l'université Paris-Dauphine
Association des anciens élèves diplômés de l'École polytechnique (AX)
Association des anciens élèves, élèves et amis de l'École normale supérieure (A-Ulm)
Association des diplômés de l'EM Lyon (EMLyon forever)
Association des diplômés de Télécom ParisTech (Télécom ParisTech Alumni)
Association des diplômés du groupe Essec (ADGE)
Association des diplômés HEC
Association des Edhec
Association des ingénieurs diplômés de l'ESTP (Sid-ETP)
Association des Sciences-Po (Alumni Sciences-Po)
Association ESCP-Europe Alumni

Association européenne des avocats
Assocation internationale des anciens Roséens
Association « Les Supélec »
Cercle MBC
Chambre de commerce France-Canada
Chambre de commerce suédoise en France
Comité Colbert
Grandes écoles au féminin (GEF)
Harley Owners Group (HOG)
Insead Alumni Association France
Institut Aspen France
ISG Alumni
Lions Clubs International France
Mensa France
Ordre de Malte France
Rotary International
Société des ingénieurs arts et métiers
Travellers (The)
Wine & Business Club
Women's Forum for the Economy and Society (Wefcos)
Young President Organization
Zonta International

National

Accent sur Elles
Aéro-club de France
Association des anciens élèves de l'École alsacienne
Automobile club de France
Club Averroes
Club des croqueurs de chocolat
Grande chancellerie de la Légion d'honneur
Jeune Chambre économique française (La) (JCEF)
Lions Clubs International France
Ordre de Malte France
Press Club de France

Réseau Entreprendre
Rotary International
Union des patrons et des professionnels juifs de France
Wine & Business Club
Yacht club de France
Zonta France

Régional

Aïda (Midi-Pyrénées)
AJ Auxerre (Aja) (Bourgogne)
Ambassadeurs de l'Usap à Paris (Les) (Languedoc-Roussillon)
ASM Clermont-Auvergne (Auvergne)
Association des cadres bretons (Bretagne)
Association des cadres catalans de Paris Île-de-France (Languedoc-Roussillon)
Biarritz olympique Pays basque (Aquitaine)
Cercle (Le) (Rhône-Alpes)
Cercle d'Oc (Midi-Pyrénées)
Cercle de l'Ill (Alsace)
Cercle des nageurs de Marseille (CNM) (PACA)
Club des entrepreneurs de la Gironde (CDE) (Aquitaine)
Club La Pelle (PACA)
Club Marseille la découverte (PACA)
Commanderie du Bontemps (Aquitaine)
Dîners celtiques (Les) (Bretagne)
Jeune Chambre économique française (La) (JCEF)
Lions Clubs International France
Paris Saint-Germain (PSG) (Île-de-France)
Racing club de France (Île-de-France)
Racing club de Lens (Nord)
Racing Métro 92 (Île-de-France)
Rotary International

Rugby club toulonnais (RCT) (PACA)
Stade français (Île-de-France)
Stade toulousain (Midi-Pyrénées)
SUA LG (Agen) (Aquitaine)
Table ovale (La) (Midi-Pyrénées)
Villa Primrose (Aquitaine)
Wine & Business Club

Francilien

Ambassadeurs de l'Usap à Paris (Les)
Association sportive du cercle du bois de Boulogne (Le Tir aux pigeons)
Bulle (La)
Cercle de la mer
Cercle de la voile de Paris
Cercle du Jockey Club
Cercle Foch
Cercle MBC
Cercle national des armées
Cercle républicain
Club Ivy
Club L
Confrérie du vin de Suresnes
Golf de Joyenval
Golf de La Boulie
Golf de Morfontaine
Golf de Saint-Cloud
Golf de Saint-Nom-la-Bretèche
HaOui
Lions Clubs International France
Paris Country Club
Polo de Paris
Pyramides (Les)
Ritz Health Club

Rotary International
Rugby Club (Le)
Tennis club de Paris
Young President Organization
Wine & Business Club

Qui sont les membres ?

Cette liste a été établie à partir d'articles de presse et d'ouvrages publics. Elle n'est peut-être pas totalement à jour, certains membres ayant pu quitter tel ou tel club.

Cercle de l'union interalliée

Bernard Arnault
Pierre Assouline
Édouard Balladur
Dominique Bazy
Claude Bébéar
Stéphane Bern
Liliane Bettencourt
Christian de Boissieu
Peter Boyles
Prince Louis-Albert de Broglie
Jean Burelle
Laurent Burelle
Jean-Charles de Castelbajac
Arlette Chabot
Bernadette Chirac
Jean-François Copé
Laurent Dassault
Michel David-Weill
Jean-René Fourtou
Pierre Gadonneix
Philippe Germond
Valéry Giscard d'Estaing
Élisabeth Guigou
Philippe Houzé
Lionel Jospin
Pierre Joxe
Alain Juppé
Bernard Kouchner
Marc Ladreit de Lacharrière
Patrick Lucas
Thierry de Montbrial
Pierre Moscovici
Jean-Charles Naouri
Lindsay Owen-Jones
Régis de Pampelonne
Patrick Poivre d'Arvor
Augustin de Romanet
Guillaume Roquette
Édouard de Rothschild
Nicolas Rousselet
Nicolas Sarkozy
Dominique Strauss-Kahn
Yves-Thibault de Silguy

Club des Cent

Claude Bébéar
Jean-Louis Beffa
Philippe Bouvard
Philippe Carle
Jean-François Cirelli
Michel David-Weill
Alain Ducasse
Jean-René Fourtou

Albert Frère
Antoine Hébrard
Claude Imbert
Jean-Marie Messier
Bernard Pivot
Louis Schweitzer
Jean Solanet
Jean Vitaux
Patrick Werner

CroissancePlus

Frédéric Bedin
Charles Beigbeder
Sylvain Forestier
Denis Payre
Christian Poyau
François Rougnon
Geoffroy Roux de Bézieux
Bruno Van Ryb

Le Siècle

Bernard Arnault
Jacques Attali
Martine Aubry
Christopher Baldelli
Patricia Barbizet
Nicolas Bazire
Claude Bébéar
Jean-Louis Beffa
Laurent Bérard-Quelin
Antoine Bernheim
Gérard Besson
Nicolas Beytout
Christian de Boissieu
Michel Bon
Daniel Bouton
Thierry Breton
Manuel Canovas
Philippe Carli
Patrick de Carolis
Henri de Castries
Arlette Chabot
Emmanuel Chain
Françoise Chandernagor
Jean-Pierre Chevènement
Michel Cicurel
Bertrand Collomb
Jean-Marie Colombani
Jean-François Copé
Michèle Cotta
Stéphane Courbit
Rachida Dati
Arnaud Delmontel
Richard Descoing
Thierry Desmaret
Alain Duhamel
Olivier Duhamel
Jean-Pierre Elkabbach
Jacques Espinasse
Alain Flammarion
Louis Gallois
Jacques Garcia
Jean-Louis Gergorin
Franz-Olivier Giesbert
Michel Guérard
Xavier Guerrand-Hermés
Élisabeth Guigou
Philippe Houzé
Anne-Marie Idrac

Denis Jeambar
Laurent Joffrin
Serge July
Denis Kessler
Bernard Kouchner
Marc Ladreit de Lacharrière
Pascal Lamy
Yves Lecoq
André Lévy-Lang
Henri Loyrette
Jean-Marie Messier
Charles Million
Alain Minc
Pierre Moscovici
Nicole Notat
Denis Olivennes
Michel Pébereau
Gilles Pélisson
Dominique Perben
Claude Perdriel
Jean Peyrelevade
Sylvie Pierre-Brossolette
François-Henri Pinault
Didier Pineau-Valencienne
Patrick Poivre d'Arvor
David Pujadas
Jean-Pierre Raffarin
Édouard de Rothschild
Nicolas Rousselet
Nicolas Sarkozy
Louis Schweitzer
Ernest-Antoine Seillière
Nicolas Seydoux
Amaury de Sèze
Anne Sinclair
Dominique Strauss-Kahn
Nicolas de Tavernost
Marc Tessier
Jacques Toubon
Agnès Touraine
Stéphane Treppoz
Jean-Claude Trichet
Hubert Védrine
Serge Weinberg
Gérard Worms

Polo de Paris

Bernard Arnault
Nicolas Bazire
Charles Beigbeder
Pierre Bellon
Vincent Bolloré
Béatrice Cointreau
Agnès Cromback
François Curiel
Laurent Dassault
Olivier Dassault
Dominique Desseigne
Jean-René Fourtou
Albert Frère
Antoine Giscard d'Estaing
Valéry Giscard d'Estaing
Patrick Guerrand-Hermès
Marc Ladreit de Lacharrière
Arnaud Lagardère
Bernard de La Villardière
Christian de La Villehuchet
André Lévy-Lang
Philippe Louis-Dreyfus
Régis de Pampelonne

Jean-Paul Parayre
Patrick Ricard
Édouard de Rothschild
François Sarkozy
Yves-Thibault de Silguy
Olivier Stirn
Paul-Loup Sulitzer
Nicolas de Tavernost
Jean Todt
Xavier de Villepin

Racing club de France

Charles Beigbeder
Vincent Bolloré
Élie Chouraqui
Olivier Courtin-Clarins
Jean-Loup Dabadie
Laurent Dassault
Michel Drucker
Jean-René Fourtou
Arnaud Lagardère
Bernard de La Villardière
Valérie Lecasble
André Lévy-Lang
Bruno Marie-Rose
Christophe Navarre
Alain de Pouzilhac
Sidney Toledano
Pierre Assouline
Laurent Bérard-Quelin
Bernard Brochand
Laurent Dassault
Alain Duhamel
Patrick Frey
Xavier de Villepin

Qui est Alain Bauer ?

Apprenti en 1981 Nouvelle Carthage • Compagnon en 1982 • Maître en 1983 • Membre des loges Nouvelle Carthage, Galilée (fondateur 1992), l'Infini Maçonnique (fondateur en 1994), James Anderson (fondateur en 2001), le Banquet et l'Intersection (fondateur) • Délégué au Congrès de Paris et au Convent 1988-1995 • Conseiller de l'Ordre 1996-1999 • Grand Maître 2000-2003 • Ve Ordre du Rite français • Premier Grand Principal d'Honneur de l'Ancienne maçonnerie d'York, de la Marque et de l'Arc Royal • Patriarche Grand Conservateur du Rite de Memphis-Misraïm • *Socius et Amicus Ordinis* (Allié et Ami de l'Ordre) du Régime écossais rectifié, *in ordine Eques a Lege.*

Auteur ou coauteur de : *De la régularité maçonnique* (Édimaf, 1999) • *Les Grades de sagesse du rite français* (À l'Orient, 2000) • *Cahier des rituels du rite français* (GODF, 2002) • *Grand O* (Denoël, 2001 ; Folio Gallimard, 2003) • *Le Grand Orient de France* (PUF, 2002, 4e édition, 2011) • *Travaux du Souverain Chapitre en ses 4 Ordres* (À l'Orient, 2003) • *Images du patrimoine maçonnique* (Édimaf Cetre, 2003) • *Les Francs-Maçons* (Tallandier, 2003) • *Les Plus Belles Pages de la franc-maçonnerie française* (Dervy, 2003) • *Aux origines de la franc-maçonnerie* (Dervy, 2003) • *Après la maîtrise* (GODF, 2003) • *Les Questions à l'étude des loges dans les obédiences maçonniques françaises* (Édimaf, 2003) • *Deux siècles de débats républicains* (L'Harmattan, 2004) • *Le Crépuscule des frères* (La Table Ronde, 2005) • *Pour retrouver la parole* (La Table Ronde, 2006) • *Dictionnaire de la franc-maçonnerie* (PUF, 2006) • *Changer la République. Changer de république* (GODF, 2007) • *Isaac's Newton Freemasonry* (InnerTradition, 2007) • *Les Mystères de Channel Row* (Lattès, 2007) • *L'Esprit des Lumières est-il perdu ?* (Le Monde éditions, 2008) • *O nascimento da franco maçonnaria* (Éditions Madras, 2008)

• *Le Convent du sang* (Lattès, 2009) • *Le Symbole perdu décodé* (Véga, 2009) • *Les Relations internationales de la franc-maçonnerie* (Armand Colin, 2010) • *Les Questions à l'étude des loges dans la maçonnerie française* (Véga, 2010, nouvelle édition) • *Dictionnaire amoureux de la franc-maçonnerie* (Plon, 2010) • *Faut-il avoir peur des francs-maçons?* (Mordicus, 2010).

Remerciements

Un grand merci à Laetitia Laure, qui a été une collaboratrice très précieuse, et aux présidents des différents clubs, cercles et associations.

Un clin d'œil très amical à Raphaëlle Bacqué, Alain Bauer, Vincent Beaufils et Dan Serfaty.

Contact

alainmarty@networkingguide.fr

Achevé d'imprimer en mai 2011 par EMD S.A.S. – 53110 Lassay-les-Châteaux
N° d'impression : 25067 – Dépôt légal : juin 2011
Imprimé en France

Guide du networking

La lettre d'information

Pour recevoir la lettre d'information du Guide du networking (version papier ou électronique), vous pouvez renvoyer ce formulaire à l'adresse suivante :

Guide du networking
28, rue Pasquier
75008 Paris

Prénom : ______________________________

Nom : ______________________________

Profession : ______________________________

Société : ______________________________

Adresse postale : ______________________________

____

Code postal : Ville : ______________________________

Pays : ______________________________

Courriel : ______________________________

souhaite recevoir la lettre d'information du Guide du networking.

Version : ❏ papier et/ou ❏ électronique

Date : ______________________________

Signature :